Willkommen in meiner „Sprechstunde"! 3

1. Respekt erlangen 5

2. Disziplin herstellen 19

3. Schüler aktivieren und motivieren 33

4. Besser und mehr lernen 45

5. Arbeitsaufträge 51

6. Umgang mit alten und neuen Medien 59

7. Schwierige Gespräche 89

8. Umgang mit einigen Eltern 101

9. Zeitmanagement und Burn-out 113

Literaturtipps 126

IMPRESSUM

DER LEHRER-COACH

Thomas Unruh, Hauptseminarleiter am Landesinstitut für Lehrerbildung und Schulentwicklung Hamburg, Autor u. a. von „Guter Unterricht – Handwerkszeug für Unterrichtsprofis", „Guter Unterricht – Trainingsmodule für die Lehreraus- und -fortbildung", „Grundwissen Allgemeinbildung" (alle erschienen im AOL-Verlag). www.guterunterricht.de

5. Auflage 2011
© 2007 AOL-Verlag, Buxtehude
AAP Lehrerfachverlage GmbH
Alle Rechte vorbehalten.

Postfach 1656 · 21606 Buxtehude
Fon (0 41 61) 7 49 60-60 · Fax (0 41 61) 7 49 60-50
E-Mail: info@aol-verlag.de · Internet: www.aol-verlag.de
Redaktion: Miriam Miller, Verena Anlauf
Layout / Satz: Tanja Amsler
Umschlag: bibo mayer

ISBN: 978-3-8344-5482-9
Printed in Germany

Das Werk und seine Teile sind urheberrechtlich geschützt. Jede Nutzung in anderen als den gesetzlich zugelassenen Fällen bedarf der vorherigen schriftlichen Einwilligung des Verlages. Hinweis zu § 52 a UrhG: Weder das Werk noch seine Teile dürfen ohne eine solche Einwilligung eingescannt und in ein Netzwerk gestellt werden. Dies gilt auch für Intranets von Schulen und sonstigen Bildungseinrichtungen.

**Liebe Kollegin, lieber Kollege,
willkommen in meiner „Sprechstunde"!**

In meiner „Sprechstunde" beantworte ich typische Fragen von Lehrern und Referendaren zu den wichtigsten Alltagsproblemen. Dieses Buch soll Lehrern helfen, schnell handfeste, praktische und ganz konkrete Lösungen zu Problemen zu finden, die oft das Berufsleben schwer machen.

Der Lehrer-Coach richtet sich an Referendare und Berufseinsteiger ebenso wie an „alte Hasen". Die Vorschläge sind als „Steinbruch" zu verstehen, aus dem sich jeder das für ihn Passende heraussuchen kann – nicht als perfekte Lösungen.

Mithilfe einer Checkliste am Ende der einzelnen Kapitel kann jeder für sich überprüfen, welche der vorgeschlagenen Lösungen er für sich persönlich für geeignet hält. Er selbst entscheidet, welche Maßnahme er ergreifen wird. In der Spalte „Das konkret werde ich tun" trägt man ein, was genau man sich vornimmt, bis wann umzusetzen. Man sollte sich seine persönliche Checkliste dann etwa nach einem Monat und anschließend nach einem halben Jahr erneut vornehmen, um die eigenen Fortschritte zu überprüfen.

Mehr zum Thema „Guter Unterricht" finden Sie auf meiner Website www.guterunterricht.de. Ich freue mich auf Ihre Anregungen, Hinweise und Fragen.

Kapitel 1 · Respekt erlangen

Problem: Respekt erlangen

Ich kann mich manchmal nicht durchsetzen, es dauert viel zu lange, bis die Schüler zuhören. Schüler begegnen mir und Mitschülern respektlos, distanzlos, sie gehorchen nicht, reagieren nicht oder zu langsam auf Anweisungen und Aufträge ...

Natürlich gab und gibt es Lehrer, die sich im Unterricht „Respekt" verschaffen, indem sie ein Klima der Angst und Unterdrückung erzeugen, wie z. B. in dem in der Presse ausführlich berichteten Fall einer Realschule, in der Sechsen wie am Fließband bereits für das geringste Fehlverhalten verteilt wurden. Wenn Schüler dann spuren, ist das allerdings kein Ausdruck von Respekt. Aber: **Schüler wollen** Lehrer, vor denen sie wirklich Respekt haben. Das meinen Schüler auch, wenn sie sich „strenge" Lehrer wünschen! Keine (letztlich hilflosen) Tyrannen, Zyniker, Brüller oder Unterdrücker, sondern Persönlichkeiten, vor denen man wirklich Respekt haben muss und kann.

Was können Lehrer tun, um **echten Respekt** zu erlangen und um eine Atmosphäre gegenseitigen Respekts im Klassenraum herzustellen?

Überprüfen Sie, wie Sie Ihren Schülern begegnen und was Sie von ihnen halten

Auch wenn es manchmal sehr schwerfällt: Wer Respekt von Anderen erwartet, muss Anderen respektvoll begegnen. Das ist natürlich überaus schwierig, wenn einem beispielsweise ein pubertierender türkischer Super-Macho frech und provozierend mit der Ausstrahlung begegnet: „Von Ihnen lass ich mir gar nichts sagen!" oder sich ein Jung-Nazi mit rassistischen Pöbeleien in den Mittelpunkt stellt. Das sind Extreme, aber auch hier gilt: Der (erwachsene!) Lehrer muss es schaffen, cool zu bleiben und trotz allem auch diesen Jugendlichen korrekt, höflich und respektvoll zu begegnen. Das ist erstens wichtig, weil das laute, unangemessene, provozierende Verhalten mancher Jugendlicher ja gerade Ausdruck eigener Unsicherheit ist und des Gefühls oder der Angst, selbst nicht wirklich oder nicht genügend respektiert zu werden, vor allem, wenn sie mitten in der Pubertät stecken. Und zweitens: Wer als Lehrer Respekt erlangen will, muss seinen Schülern **auch ein Vorbild** sein, ein Vorbild für sachlichen, korrekten Umgang, auch wenn es hoch hergeht, ein Vorbild für das respektvolle Verhalten, das der Lehrer in der Regel ja selbst immer predigt.

Kinder und Jugendliche haben ganz feine Antennen dafür, was der Lehrer von ihnen hält. Und sie werden nur schwer Respekt für jemanden empfinden, der wenig von ihnen hält, der sie vielleicht für dumm, frech oder faul hält. Und schlimmer noch: Die „self-fulfilling prophecy", die „sich selbst erfüllende Prophezeiung", wirkt! Das heißt: Wen der Lehrer – und sei es nur unterschwellig oder sogar nur unbewusst – als destruktiv, langsam, frech, schwierig und so weiter ansieht, der ist es auch wirklich und wird es weiter bleiben! Glücklicherweise wirkt die „self-fulfilling prophecy" auch anders herum: Wer vom Lehrer implizit mit positiven Attributen bedacht wird, verstärkt diese positiven Verhaltensweisen und Eigenschaften!

Wie kann man es schaffen, allen Schülern respektvoll und ohne Vorbehalte zu begegnen?

Entwickeln Sie aufrichtiges Interesse für den Anderen: Versuchen Sie, Ihre Schüler wirklich kennen zu lernen: Wer ist das hinter dieser harten, distanzierten, vielleicht sogar unangenehmen und unsympathischen Fassade? Seien Sie offen und aufrichtig interessiert – ohne jede therapeutische Attitüde, die den Anderen und sein Verhalten „wissend" interpretiert – und dem Anderen damit wiederum unausgesprochen Unterlegenheit, ja Minderwertigkeit attestiert.

Aufrichtiges Interesse zeigen heißt vor allem: aufmerksam zuhören können – ohne jedes vorschnelle „ja, aber …", heißt auch Sichtweisen und Darstellungen zunächst ohne Interpretation und Stellungnahme stehen lassen zu können. Aufrichtiges Interesse bedeutet weiterhin, sich auch mit Themen, Auffassungen, Vorlieben, Sichtweisen, Hobbys, die einem selbst sehr fremd sind, die man möglicherweise selbst ablehnt, so auseinandersetzen zu können, dass der Andere nicht das Gefühl erhält, als Person abgelehnt oder pädagogisch beeinflusst

Kapitel 1 · Respekt erlangen

zu werden. Diese Haltung des aufrichtigen Interesses, des aufmerksamen Zuhörens und des unvoreingenommenen Blicks zu entwickeln, erfordert ein hohes Maß an persönlicher Veränderungsbereitschaft, an Selbstdisziplin und selbstkritischem Blick. Sie ist aber eine zentrale Voraussetzung dafür, Respekt zu erhalten und dafür, selbst tatsächlich erzieherischen Einfluss nehmen zu können! Diese essentielle Notwendigkeit des aufrichtigen Interesses heißt also überhaupt nicht, disziplin- und respektloses Verhalten von Schülern zu entschuldigen, nach dem Motto „schwere Kindheit ...". Sie ist aber der Zentralschlüssel für Respekt und dafür, als Lehrer wirklich Einfluss nehmen zu können.

Damit dies gelingen kann, sollte der Lehrer üben, seinen nur zu verständlichen Ärger und die damit verbundenen Emotionen zu kontrollieren! Wer sich von seinen Gefühlen bei seinem professionellen Handeln (also in der Rolle des Lehrers) übermannen lässt, läuft immer Gefahr, dem Anderen respektlos zu begegnen, ironisch, vielleicht sogar zynisch, unter Umständen beleidigend und meistens viel zu laut zu sein. Natürlich gibt es immer wieder Situationen im Unterricht, in denen einen einzelne Schüler zur Weißglut bringen können. Und die meisten Lehrer meinen die Erfahrung gemacht zu haben, dass es dann nützt, so einen Störer mal so richtig zusammenzufalten. Der kurzfristige Erfolg täuscht aber. Wer Schüler beleidigt, öffentlich bloßstellt, beschimpft oder anschreit, verliert nachhaltig Respekt und damit die Möglichkeit, wirklich Einfluss auszuüben. Zusätzlich bedarf es immer größerer Kraftanstrengungen, der letztlich wachsenden Respektlosigkeit des Schülers zu begegnen.

Erschwert wird der notwendige konstruktive Kontakt zu „schwierigen" Schülern dadurch, dass viele geradezu über ein Elefantengedächtnis verfügen, wenn es darum geht, respektlos behandelt worden zu sein, dass sie entwürdigende Situationen buchstäblich nie vergessen. Deshalb ist es so enorm wichtig, dass der objektiv überlegene (erwachsene!) Lehrer seine Emotionen kontrolliert.

Kapitel 1 · Respekt erlangen

Praktisch bedeutet das zum Beispiel, in aufgeregten Situationen, in denen man merkt, dass mit dem Ärger der eigene Puls steigt, ganz bewusst leise zu sprechen, ein Pokerface aufzusetzen und kühl-distanziert, geschäftsmäßig zu agieren. Es kann auch hilfreich sein, sich bewusst zu machen, wie man den Ärger über die andere Person zum Ausdruck bringen würde, wenn es sich statt einer Lehrer-Schüler-Interaktion um eine geschäftsmäßige Situation handeln würde, etwa eine Reklamation oder um eine Situation, in der man Ärger oder Unzufriedenheit dem besten Freund gegenüber zum Ausdruck bringt. Ebenfalls hilfreich ist es, wenn es gelingt, einen Perspektivwechsel vorzunehmen, sich also kurzfristig in die „Haut" des störenden Schülers und in seine Sichtweise der Situation hineinzuversetzen. Sich zumindest kurz vorzustellen, wie der Andere in diesem Moment dieselbe Situation erlebt, die mich gerade so wütend macht, kann ungeheuer entspannend und klärend wirken. In jedem Falle ermöglicht es, sich bewusst zu machen, dass es bei jedem Konflikt objektiv zwei „Wahrheiten" gibt – egal wie überzeugt ich (natürlich!) von der „Wahrheit" meiner Sichtweise bin. Wer richtig souverän ist, kann es vielleicht sogar schaffen, das störende Schülerverhalten zu „reframen", es also gedanklich in einen anderen Rahmen zu setzen, es positiv umzudeuten.

In Sachen Respekt plädiere ich also vehement für einen gelassenen, coolen, sachlichen, erwachsenen Umgang und gegen die in den 70er Jahren so angesagte, als „Ich-Botschaften" missverstandene „Betroffenheitslyrik" („Ich bin jetzt ganz traurig, dass du so frech bist …") und gegen das ungehemmte Rauslassen eigener Emotionen, das statt die erhoffte Ventilfunktion („Dampf ablassen") zu erfüllen nur die eigene Aufregung erhöht und obendrein ein häufig eher lächerliches Bild eines letztlich kindlichen, unreifen Verhaltens vermittelt. Beide Strategien sind – das hat die jahrzehntelange Erfahrung gezeigt – mit Sicherheit kontraproduktiv, wenn es darum geht, Respekt zu erlangen.

Kapitel 1 · Respekt erlangen

Und wie bekommt man die starke Wirkung der „self-fulfilling prophecy" in den Griff?

Das gelingt nur, wenn man immer wieder seinen Blick für die objektiven und **tatsächlichen Stärken und Kompetenzen** selbst der nervigsten und schwierigsten Störer in der Klasse schärft – die auch diese ja tatsächlich haben! Natürlich sind Lehrer in der Regel vor allem darin geübt, Fehler zu finden und Fehlverhalten und Probleme wahrzunehmen. Und mancher Schüler macht es einem wahrlich nicht leicht einen Blick für dessen Stärken und Kompetenzen zu entwickeln. Aber auch schwierige Schüler haben Stärken – und manchmal gar nicht so wenige! Beim Entdecken der anderen Seite dieser „Lieblings"-Schüler können Kollegen und Mitschüler gut behilflich sein, die denjenigen, den man selbst so sehr auf dem Kieker hat, emotionsloser und damit objektiver sehen können und manchmal besser kennen.

Von großer Bedeutung ist es, gerade schwierige Schüler **nicht zu schonen,** sondern auch und gerade ihnen Anstrengungen und herausfordernde Aufgaben zuzumuten! Auch das hat natürlich mit der mächtigen Wirkung der „self-fulfilling prophecy" zu tun. Die nur unbewusste negative Erwartungshaltung hinsichtlich des Leistungsvermögens der Problemschüler (die auf tatsächlichen Erfahrungen, aber oft auch nur auf interpretierten „Erfahrungen" beruht!) löst eine klassische „self-fulfilling prophecy" aus. Und noch schlimmer: Der schonende Umgang mit schwierigen Schülern verstärkt auf deren Seite unbewusst das Gefühl von Schwäche, was wiederum das Risiko weiterer Störungen erhöht. Störungen, mit denen diese Schüler zeigen wollen, dass sie keineswegs schwach sind, sondern ganz tolle Typen!

Überprüfen Sie Ihr Auftreten vor der Klasse

Es ist nicht immer leicht, in bestimmte Klassen zu gehen. Nicht nur für Berufsanfänger, selbst für manch gestandenen Lehrer ist es ein Graus, in einigen Klassen zu Beginn des Unterrichts viele Minuten damit zu verbringen, Ruhe herzustellen und sich als Lehrer Respekt zu verschaffen, sich „durchzusetzen", wie Schüler es gerne nennen. Man sollte den Schülerwunsch „Setzen Sie sich doch mal durch" (oder – über

Kapitel 1 · Respekt erlangen

Kollegen – „Der kann sich überhaupt nicht durchsetzen") als ein Signal sehr ernst nehmen, dass etwas im Argen liegt und der dringenden Veränderung bedarf. Noch einmal: Sich durchsetzen meint nicht, als Lehrer rumzubrüllen, Strafarbeiten zu verteilen oder auf eine andere Weise diktatorisch zu agieren. Es meint nichts Anderes, als dass der Lehrer in der Lage sein sollte, **sich echten Respekt** zu verschaffen und auch in der Klasse ein Klima gegenseitigen Respekts herzustellen.

Neben dem im vorherigen Abschnitt angesprochenen so wichtigen Respekt des Lehrers vor seinen Schülern und seiner (Erwartungs-) Haltung ihnen gegenüber gibt es eine Reihe weiterer Aspekte, die wichtig sind, um Respekt zu erlangen.

Schüler jeder Altersstufe verfügen fast immer über allerfeinste Sensoren für nicht ausgesprochene Botschaften, Gedanken, Gefühle und Befindlichkeiten ihrer Erzieher, Eltern und Lehrer. Sie spüren intuitiv, ob ihr Lehrer gerne in den Unterricht kommt, ob er seine Schüler mag, ob er sein Fach und das aktuelle Thema mag – oder eben nicht. Manchmal muss man das gar nicht erst großartig intuitiv erspüren, denn leider gibt es auch Lehrer, die der Klasse mit einem hochgradig missmutigen oder gar genervten Gesichtsausdruck begegnen, Lehrer, denen förmlich ins Gesicht geschrieben steht, was sie von ihren Schülern halten: absolut gar nichts nämlich. Sie vermitteln ihren Schülern genau das, was sie gerade noch in der Pause unter Kollegen lauthals beklagt haben: wie dumm, faul und nichtsnutzig ihre Schüler seien. Dies ist – wie ich aus sehr vielen Gesprächen mit Referendaren weiß, die solche Äußerungen gerade zu Beginn ihres Referendariats stark verunsichern – in einigen Schulen leider Realität.

Und ebenso gibt es den Fall, dass Lehrer ihren Stoff durchziehen, weil er halt dran ist, weil er im Lehrplan steht, und zugleich überdeutlich vermitteln, dass es sich dabei um ein langweiliges, trockenes Thema handelt, das sie selbst nur überaus ungern unterrichten. Wer Respekt von seinen Schülern erwartet und wer erwartet, dass seine Schüler lernen (und zwar am liebsten, dass sie gerne lernen!), hat die Pflicht, seine Schüler für die Themen, die er unterrichtet, zu begeistern, sie

Kapitel 1 · Respekt erlangen

anzustecken, ja, mitzureißen! Und der Lehrer vermittelt unterschwellig nicht nur, ob er gerne unterrichtet, seine Schüler, sein Fach, sein Thema mag, er vermittelt ebenso – und auch das zumeist unterschwellig –, ob er weiß, was er will, ob er einen Plan hat, einen klaren Plan für die Unterrichtsstunde und einen klaren Plan für den Umgang mit Störungen oder Regelverstößen. Wer keinen Plan bei Regelverstößen hat, lässt seine Schüler unbewusst spüren, dass er eigentlich Angst davor hat, dass etwas passiert, weil er nicht wirklich weiß, was er dann tun könnte oder tun müsste. Wer keinen richtigen Plan für die Unterrichtsstunde hat, verliert Respekt, weil die Schüler genau merken, dass der Lehrer schlecht vorbereitet ist oder – noch schlimmer – von der Sache, die er unterrichtet, wenig Ahnung hat, seinen Schülern bestenfalls gerade mal ein halbes Kapitel voraus ist.

Das alles zeigt der Lehrer seinen Schülern, auch wenn er gar nichts davon sagt: Er zeigt es durch seinen Gesichtsausdruck, durch seine Körperhaltung, durch seine Stimme, seine Organisation, ja, manchmal sogar durch seine Kleidung. Wer meint, dass er als Lehrer keinen echten Respekt von seinen Schülern erhält, dass er Probleme damit hat, sich durchzusetzen, sollte deshalb unbedingt einmal seine Ausstrahlung vor der Klasse kontrollieren, am besten, indem er eine Videoaufzeichnung des eigenen Unterrichts macht oder, indem er einen wohlgesonnenen Kollegen bittet, sehr genau die eigene Ausstrahlung vor der Klasse zu beobachten, zu protokollieren und rückzumelden:

- Welche Botschaften sendet mein **Gesichtsaudruck?** Zeige ich Begeisterung, Gelassenheit, positive Erwartungshaltung oder schlechte Laune, Ärger, Angst?
- Welche Botschaften sendet meine **Körperhaltung?** Stehe ich klar, aufrecht, sicher und offen vor der Klasse oder verstecke, verkrieche ich mich, tigere ich aufgeregt im Klassenraum umher, lümmele ich mich auf das Pult oder einen Schülertisch, nach dem Motto: „alles egal"?

Kapitel 1 · Respekt erlangen

- Welche Botschaften sendet meine **Stimme?** Spreche ich mit wenigen klaren Worten, deutlich, fest und bestimmt, aus dem Bauch heraus oder rede ich viel zu viel (und zeige so unbewusst meine Unklarheit und Unsicherheit)? Ist meine Stimme zu hoch, zu schrill, zu laut, kommt sie nur aus dem Hals und wirkt dadurch nicht tragend?

- Welche Botschaften sendet meine **Organisation?** Beherrsche ich sicher den Umgang mit technischen Medien (z. B. OHP, Kassettenrecorder, Computer, Beamer ...), gestalte und verteile ich übersichtliche, klare und lesbare Tafelbilder, Arbeitsblätter, Listen? Oder muss ich mich im Umgang mit technischen Medien entschuldigen („eben ging es noch ...", „kann man das erkennen ...?"). Eröffne ich durch langes Hantieren mit Medien ein Spielfeld für Störungen jeder Art und zeige ich meine technische Inkompetenz coram publico? Was für ein Vorbild bin ich in Sachen Gestaltung von Tafelbildern, Folien, Arbeitsblättern für meine Schüler?

- Und schließlich: Welche Botschaften sendet meine **Kleidung** und meine **äußere** Erscheinung? Vermittele ich, dass ich meinen Unterricht und meine Schüler ernst nehme, indem ich meine äußere Erscheinung und meine Kleidung diesem professionellen Anlass entsprechend gestalte? Oder zeige ich, dass ich Unterricht und Schule keineswegs als professionelle Veranstaltung verstehe, indem ich im Unterricht im Campingplatz- bzw. Freizeit-Outfit erscheine?

Eine kleine Ergänzung in Sachen Outfit: Selbstverständlich gibt es Lehrer, die trotz (und manchmal sogar wegen!) ihrer z. T. skurrilen Erscheinung oder ihres wenig professionellen Outfits hohen Respekt bei den Schülern genießen, weil sie mit Leib und Seele hochkompetente Lehrer sind, die ihre Schüler mögen und respektieren und weil sie „Typen" sind!

Überprüfen Sie Ihre Sprache

Natürlich ist es vor allem die Sprache, die bestimmte Botschaften vermittelt – sowohl erwünschte als auch unerwünschte. Lehrer sind von Natur aus Vielredner. Davon kann so mancher Nicht-Lehrer im privaten Umfeld ein trauriges Lied singen. Lehrer glauben einfach an die Macht des gesprochenen Wortes. Sie glauben so sehr daran, dass sie unbewusst davon überzeugt sind, dass mehr Worte gleichbedeutend wären mit mehr Klarheit: Je ausführlicher ich eine Sache erkläre, umso klarer würde sie.

Wir wissen heute sicher, sowohl aus der Verständlichkeitsforschung als auch aus eigener Erfahrung: Es ist genau umgekehrt! Je mehr Worte, desto unklarer! Woran liegt das – und was hat das mit Respekt zu tun?

- Es ist ermüdend, lange zuzuhören, weil das Zuhören in der Schule sowieso schon eine so große Rolle spielt und weil es meistens keine aufmerksamkeitsfördernde Visualisierung gibt.

- Die unterschwellige Botschaft langer, ausführlicher Erklärungen lautet: Du (Schüler) musst nicht so genau aufpassen, weil alles sowieso noch einmal und noch einmal erklärt wird (vielleicht sogar noch einmal von einem Schüler wiederholt wird).

- Wer in der Sache selbst unklar ist, wer „schwimmt", hat die unbewusste Tendenz, die eigene Unsicherheit und Unklarheit durch einen Wortschwall zu überdecken. Jeder Lehrer, der ehrlich mit sich selbst ist, kennt dieses Phänomen. Und genau diese Unsicherheit spüren die Schüler mit ihren feinen Antennen. Wem das ab und an passiert: kein Problem! Wer aber regelmäßig zu viel redet, um damit die eigene Unklarheit zu übertünchen, ist in Gefahr, Respekt zu verlieren.

Die erste Lösung heißt deshalb ganz schlicht: **Benutze wenige Worte!** Dazu kann es sehr hilfreich sein, sich ab und zu genau aufzuschreiben, was man wirklich sagen will und das dann ggf. nur vorzulesen. Dann allerdings muss ich auch meiner Vorbereitung trauen und darf konsequent kein weiteres Wort dazu sagen! Das ist das beste Trainingsprogramm zur Reduzierung des eigenen Redeschwalls.

Besonders wichtig ist die Verwendung möglichst weniger Worte bei Ansagen und Arbeitsaufträgen: Tu erst das, dann das und dann das!

Kapitel 1 · Respekt erlangen

Die Verwendung klarer, knapper Aufträge und Anweisungen ist ein geeignetes Mittel, sich als Lehrer im Unterricht klar durchzusetzen und Störungen und Irritationen schon im Vorfeld zu vermeiden. Weil sie klarer, eindeutiger sind und direkt zum Handeln auffordern, sollten Arbeitsaufträge i. d. R. als freundlich-bestimmte **Anweisung statt** als **Frage** formuliert werden: „Bitte lies die ersten drei Zeilen vor!" statt: „Wer kann denn bitte mal die ersten drei Zeilen vorlesen?"

Noch stärker verwässern kann man Arbeitsaufträge durch die Verwendung von Konjunktiven und unterschwellige Entschuldigungen für den Auftrag: „Ich würde euch bitten, vielleicht erst mal die ersten drei Zeilen vorzulesen." Wer regelmäßig in dieser gewundenen Art mit seinen Schülern spricht, begibt sich in höchste Gefahr, den Respekt seiner Schüler zu verlieren! Deshalb: **Indikativ statt Konjunktiv!**

Sehr wirksam ist die Erteilung von Arbeitsaufträgen, wenn man mit eindeutigen, gut zu merkenden und möglichst noch als Bild visualisierten **Ankerbegriffen** arbeitet. Besonders wichtig ist dieses Verfahren im Fremdsprachenunterricht („Listen ... !" – Symbol Ohr/„Read ... !" – Symbol Brille/„Write ... !" – Symbol Stift), kann aber hervorragend auch in anderen Fächern verwendet werden und ist ein sehr guter Weg, sich selbst als Lehrer darin zu trainieren, kurze, eindeutige Arbeitsaufträge zu geben.

Doch auch knapp formulierte Anweisungen und Ansagen lassen sich noch weiter verkürzen – und damit noch wirksamer machen: durch den völligen Verzicht auf Sprache! Viel zu selten benutzen gerade Berufsanfänger die Möglichkeiten der **Körpersprache:** den Zeigefinger unter ein Auge legen, die Hand ans Ohr oder auf den Mund halten und dabei auf etwas oder auf jemanden zeigen ... Wer das kann – und macht –, zeigt damit auch seine Souveränität, auf viele Worte verzichten zu können – und eröffnet ganz nebenbei neue Möglichkeiten, auch Schüler zu erreichen, die gegenüber der Dauerberieselung durch Worte im Laufe der Zeit immun geworden sind.

Kapitel 1 · Respekt erlangen

Überprüfen Sie Ihre Selbstsicherheit und Gelassenheit
Der große Respektsfaktor Nummer vier ist eine Frage der eigenen Persönlichkeit und ist deshalb besonders schwer erlern- und trainierbar. Dennoch kommt niemand, der ein Respektsproblem hat, darum herum, auch die eigene Persönlichkeit auf den Prüfstand zu stellen: Bin ich mit mir selbst im Reinen, finde ich mich selbst okay, so wie ich bin oder brauche ich die Zuwendung meiner Schüler? Könnte ich ihren „Liebesentzug" überhaupt ertragen, wenn ich vielleicht zu streng und zu konsequent war?

Letztlich geht es um die Frage, inwieweit bin ich eine reife, erwachsene Persönlichkeit, die beispielsweise in der Lage ist, Störungen, mangelnde Aufmerksamkeit oder geringes Interesse für mein Fach oder Thema nicht persönlich zu nehmen. Verfüge ich über den Mut zu Strenge und Konsequenz und gleichzeitig über die Souveränität, dann, wenn es sinnvoll ist, auch ein Auge zuzudrücken und Fünfe gerade sein lassen zu können, also bei Störungen im Unterricht auch – wie ein guter Schiedsrichter – „Vorteil" geben zu können? Und kann ich es mir – bei aller Klarheit und Bestimmtheit – leisten, meinen Schülern genügend Raum für Lachen und Pausen zu geben – ohne Angst davor, dass sie über die Strenge schlagen oder nichts mehr geschafft wird?

Diese Fragen sollte sich jeder Lehrer von Zeit zu Zeit stellen und seine eigenen ehrlichen Antworten darauf finden. Sollten die Antworten überwiegend negativ ausfallen, kann diese Sprechstunde nur dazu dienen, nötige Ziele und Aufgaben zu formulieren. Für die Umsetzung der Ziele sollte man ggf. professionelle Hilfe, beispielsweise professionelles Coaching in Anspruch nehmen.

Kapitel 1 · Respekt erlangen

Selbst-Check: Respekt erlangen

	Das ist sehr wichtig.	Darin bin ich gut.	Darin will ich besser werden.	Das konkret werde ich tun.
Der Lehrer ist Vorbild für sachlichen, korrekten, respektvollen Umgang – auch in schwierigen Situationen.				
aufrichtiges Interesse für alle Schüler – auch wenn es schwerfällt				
aufmerksam zuhören können – ohne vorschnelles „ja, aber ..."				
in schwierigen Situationen eigene Emotionen kontrollieren können / „cool" sein / „geschäftsmäßig" agieren können				
auch schwierige Schüler nicht schonen				
eine positive Ausstrahlung, Erwartungshaltung, Gesichtsausdruck				
Andere mitreißen, begeistern können				
anspruchsvolle Ziele / Erwartungen kommunizieren				
klar sein, wissen, was ich will				
innere Klarheit in Stimme, Wortwahl, Körperhaltung widerspiegeln				
sehr gerne Lehrer sein				

Kapitel 1 · Respekt erlangen

Selbst-Check: Respekt erlangen

	Das ist sehr wichtig.	Darin bin ich gut.	Darin will ich besser werden.	Das konkret werde ich tun.	
Liebesentzug ertragen können					
Störungen nicht persönlich nehmen					
eigene „Macken"/„Ticks"/ „Merkwürdigkeiten" kennen und im Griff haben					
Mut und Bereitschaft zum Lachen und für Pausen					
knappe, klare Ansagen, Anweisungen statt Fragen					
wenige Worte					
nonverbale Kommunikation verwenden					
Indikativ statt Konjunktiv					
höfliche, sachliche Sprache					
sichere Unterrichtsorganisation – auch in Sachen Technik und Medien					
Sprache: fest-bestimmt und leise, ruhig und knapp					

Kapitel 2 · Disziplin herstellen

Problem: Disziplin herstellen

Gerne werden unter Lehrern die besten Tipps gehandelt, wie man „ganz einfach" im Unterricht Disziplin herstellen kann. Und gerade Referendare und Berufsanfänger greifen diese Tipps begierig auf. Sie machen leider recht schnell die Erfahrung, dass der ultimative Geheimtipp bei ihnen leider nicht funktioniert. Das liegt einerseits daran, dass gerade gestandene Lehrer häufig vor allem auf Strenge setzen und darauf, die Schüler an einer möglichst „kurzen Leine zu halten". Unerfahrene Lehrer merken dann schnell, dass die Schüler bei ihnen darauf leider nicht reagieren.

Kurz: Es fehlt an gegenseitigem Respekt. Wer dann noch meint, seine „Strenge" und „kurze Leine" dadurch zeigen zu müssen, dass er vor der Klasse brüllt, Schüler bloßstellt oder mit Strafen um sich wirft, macht sich nur endgültig lächerlich und verspielt auch den letzten Rest an Respekt.

Deshalb funktionieren alle Tipps zum Thema „Disziplin" nur, wenn der Lehrer zuvor eine wirklich respektvolle Atmosphäre geschaffen hat, wenn er von den Schülern echten Respekt erfährt und die Schüler respektvoll miteinander umgehen. Deshalb geht es am Anfang der Sprechstunde um Respekt – und erst dann um Disziplin.

Es gibt eine Reihe von Auslösern für Disziplinprobleme, die kein Lehrer ändern kann, zum Beispiel: bestimmte schulische Rahmenbedingungen, wie überfüllte Klassenräume, ein von Angst und Unterdrückung geprägtes Schulklima, fehlende oder zu rigide Schulregeln, fehlende gemeinsame Absprachen (zum Umgang mit Störungen). Auch zufällige, sehr ungünstige Lerngruppenzusammensetzungen, einzelne extrem verhaltensschwierige Schüler oder nicht kooperationsbereite Eltern können auch den besten Lehrer an seine Grenzen bringen.

In den meisten Fällen jedoch gibt es eine Fülle von Möglichkeiten für Lehrer, im Unterricht Disziplin herzustellen – vorausgesetzt, die Basis des gegenseitigen Respekts stimmt. Natürlich heißt „Disziplin im Unterricht" nicht Kadavergehorsam, ängstliches Schweigen und das Fehlen jeder Fröhlichkeit und Kreativität. Disziplin heißt schlicht, dass sich alle Schüler (und natürlich auch die Lehrer) an sinnvolle, gemeinsam akzeptierte Regeln halten, zum Beispiel:

- bei Unterrichtsgesprächen nicht hineinrufen,
- sich melden und warten, bis man drankommt,
- pünktlich im Unterricht sein,
- bei Gruppen- und Partnerarbeiten leise sprechen,
- Hausaufgaben machen.

Weitere Voraussetzungen für die Wirksamkeit von Interventionen

Neben der Grundvoraussetzung „Respekt" braucht es folgende Klärungen, bevor die verschiedenen Möglichkeiten, Disziplin herzustellen, wirksam werden können:

1. Explizite Regeln

Es muss jedem klar und von jedem verstanden und akzeptiert sein, wie genau die Regeln für die Arbeit im Klassenraum lauten – und welche Konsequenzen die Nichteinhaltung von Regeln hat.

2. Sinnvolle, akzeptierte Rituale

Die disziplinierende Funktion von Ritualen besteht darin, dass sie in der Regel wortlos wirken, dass bereits kleine Signale ausreichen, um umfangreiche Folgen auszulösen. Beispiele hierfür sind das unten erwähnte Handzeichen oder der Countdown.

Einfache Interventionen

Stillezeichen

Eine vor allem in der Grundschule oftmals erstaunlich wirksame Methode besteht darin, dass der Lehrer bzw. die Lehrerin still mit einer erhobenen Hand und dem Zeigefinger der anderen Hand an den Lippen vor der Klasse steht. Wenn dieses „Stillezeichen" wirklich ritualisiert und akzeptiert ist, erheben die Schüler ebenfalls eine Hand und legen den Zeigefinger der anderen an den Mund.

Kapitel 2 · Disziplin herstellen

Countdown zum Leisewerden
Ebenfalls vor allem in der Grundschule wirkt das Ritual, dass die Lehrerin oder der Lehrer von Zehn auf Null herunterzählt – mit der Verabredung, dass es bei Null absolut ruhig ist, bzw. dass alle Schüler leise auf ihren Plätzen sitzen. Besonders wirksam ist die Methode, wenn die Zehn laut und deutlich gerufen wird, sodass sie alle Schüler wahrnehmen können und dann zunehmend leiser heruntergezählt wird.

Konstruktive Schüler loben
In der Grundschule wirkt es manchmal, wenn die Lehrerin oder der Lehrer einzelne Schüler oder Tischgruppen, die bereits leise, bzw. aufmerksam sind, deutlich erwähnt („Tisch drei ist schon ganz leise!").
Die drei oben genannten Methoden wirken einerseits durch ihre Ritualisierung, andererseits muss man sie außerordentlich sparsam verwenden, wenn ihre Wirksamkeit nicht verpuffen soll. Das „Stillezeichen" sollte höchstens zwei bis drei Mal in der Stunde verwendet werden und auf keinen Fall in jeder Stunde. Die Methode „Konstruktive Schüler loben" sollte man sehr sparsam einsetzen, damit sie sich nicht abnutzt: Nachdem die Methode bekannt ist, höchstens ein bis zwei Mal pro Woche.

Stundenprogramme mit abwechslungsreichen Phasen und Pausen gegen Unaufmerksamkeit
Das einfachste Mittel gegen Disziplinstörungen ist guter, lebendiger, abwechslungsreicher Unterricht und ein am Beginn des Unterrichts bekannt gegebenes Stundenprogramm, aus dem deutlich wird, was die Schüler erwartet, aus dem ebenso deutlich wird, dass es auch innerhalb einer Stunde Pausen zum Luftholen und zum sich neu Konzentrieren gibt.

Regelmäßige Auszeiten in der Stunde, kurze Erholungszeiten, Gelegenheiten zum offiziellen „Kurz-Chat"
Kaum ein Lehrer kann sich vorstellen, wie anstrengend ein normaler 6-Stunden-Vormittag für Schüler ist: Sechs mal 45 Minuten zumeist ohne Gelegenheit zu reden und sich zu bewegen. Ein sehr gutes

Mittel gegen Disziplinstörungen ist es deshalb, offizielle Auszeiten in die Stunden einzubauen, in denen die Schüler Gelegenheit haben, sich zu bewegen und ganz offiziell zu „schwatzen".

Belohnungen

Ohne Strafen geht es nicht (siehe unten: „Konsequenzen"). Aber es ist erstaunlich, wie selten mit positiven Konsequenzen im Unterricht gearbeitet wird (außer natürlich mit guten Noten!). Dabei gibt es viele Situationen, in denen kleine Belohnungen anspornend wirken und sich auf die Atmosphäre im Klassenraum wesentlich positiver auswirken als Strafen. Sinnvolle Belohnungen können zum Beispiel sein:

- Hausaufgaben-Gutscheine (einen Gutschein kann man für einmal nicht gemachte Hausaufgaben einlösen)
- Freie Zeit oder Spiele am Ende der Stunde, wenn man im Unterricht besonders viel geschafft hat
- Gemeinsame Ausflüge oder Feste
- Kleine Preise

Im Ernstfall

Zielvereinbarungen / Verträge

Ein gutes Mittel gegen Disziplinstörungen im Unterricht sind Zielvereinbarungen und Verträge, die sowohl mit einzelnen Schülern als auch mit Schülergruppen bzw. ganzen Klassen geschlossen werden können. Besonders wirksam sind solche Verträge dann, wenn sie Zielvereinbarungen für Schüler und Lehrer enthalten. Die Ziele müssen dabei ganz präzise und erreichbar operationalisiert beschrieben werden. Es werden Erfolgskontrollen vereinbart (zum Beispiel ein Protokoll darüber, welche Stunden pünktlich begonnen und beendet wurden) und es werden regelmäßige Zielerreichungskontrollen durchgeführt. Der Erfolg solcher Verträge ist dann besonders hoch, wenn nicht allein die Erreichung des Ziels gefeiert wird, sondern wenn die Zielerreichung mit einer zusätzlichen Belohnung verbunden wird. Zum Beispiel: Die Erreichung eines verabredeten Ziels wird gefeiert, indem die Klasse mit dem Lehrer Eis essen geht, statt Unterricht zu machen.

Kapitel 2 · Disziplin herstellen

Den eigenen Ärger kontrollieren
Wenn Disziplinstörungen in einer Stunde überhand nehmen, sollte der Lehrer vor allem absolute Ruhe bewahren, sich sichtbar nicht irritieren lassen und den eigenen Ärger und die eigenen Emotionen kontrollieren. Wer dann brüllt (wohlmöglich noch mit sich überschlagender Stimme und rotem Gesicht), wild Drohungen ausstößt (die nicht eingehalten werden können) und Strafen verteilt, macht sich nur lächerlich. Gerade bei Jugendlichen ist es außerordentlich wichtig, sich unter Kontrolle zu halten, nicht zynisch zu werden, niemanden zu beleidigen – und fällt es auch noch so schwer. Alles, was in einer solchen Situation hilft, ist ein sachlich-„geschäftsmäßiger", aber bestimmter Ton und ein „Pokerface". Konsequenzen sollten erst gezogen und verkündet werden, wenn sich die Emotionen auf beiden Seiten deutlich abgekühlt haben, zum Beispiel nach der Stunde.

Im Unterricht Auszeit nehmen: Kein Unterricht
In extremen Fällen kann es erforderlich (und sehr sinnvoll!) sein, dass der Lehrer den Unterricht verweigert: Er sitzt schweigend am Pult, beobachtet das Geschehen, macht sich u.U. Notizen, schreibt oder zeichnet etwas an die Tafel oder teilt nur stumm still zu bearbeitende Arbeitsblätter aus, die er für solche Fälle immer in petto hat ...

Konflikte mit einzelnen Schülern
Beziehung/Kontakt entwickeln
Sehr häufig sind Disziplinprobleme vor allem Ausdruck einer Beziehungs- bzw. Kommunikationsstörung. Dann ist es wichtig, dass der Lehrer sich darum bemüht, das Eis zu brechen und in einer ruhigen Situation (zum Beispiel in einer Pause oder im Rahmen eines dafür verabredeten Gesprächs) Kontakt zu dem „schwierigen Schüler" herzustellen. Das gelingt am besten, wenn er in einem solchen Gespräch aufrichtiges Interesse an dem Schüler zeigt, ihn ernst nimmt, ihm aufmerksam zuhört und versucht, seine Sichtweise wirklich zu verstehen.
Störer mit konstruktiven Aufgaben betrauen
Besonders wirksam ist es, einzelne Störer regelmäßig mit bestimmten wichtigen Aufgaben zu betrauen und sie auf diese Weise konstruktiv

in den Unterricht einzubinden. Besonders geeignet dafür sind Aufgaben, bei denen die Störer ihre speziellen Kompetenzen zeigen können, zum Beispiel im Sport oder wenn es um technische Aufgaben geht, etwa im Computerbereich.

Konflikte nie vor Publikum (vor der Klasse) austragen!
Die einfache Grundregel zum Umgang mit einzelnen Störern heißt: Einzeln und freundlich!

Einzelne destruktive, störende Schüler auch ignorieren
Ein großer Fehler im Umgang mit einzelnen, sich destruktiv verhaltenden Schülern besteht naturgemäß darin, ihnen und ihrem störenden Verhalten zu viel Aufmerksamkeit zu schenken. Es ist sehr wichtig und kann sehr wirksam sein, diese Schüler auch (also nicht immer) bewusst zu ignorieren, zeitweise bewusst keinen Blickkontakt zu ihnen herzustellen. Letzteres ist besonders wichtig, wenn man von einzelnen Schülern selbst deutlich genervt ist. Dann hilft es, stattdessen freundlich-ermutigenden Blickkontakt mit konstruktiven Schülern herzustellen.

Einzelne Schüler isolieren
In extremen Fällen kann es wichtig und hilfreich sein, einzelne destruktive, störende Schüler zu isolieren und aus dem Klassenraum zu entfernen. Das „Rausschmeißen" aus dem Klassenraum ist dafür wegen der damit verbundenen Aufsichtsproblematik jedoch weniger geeignet. Sinnvoller ist es, im Vorfeld Verabredungen mit Kollegen vor allem aus höheren Klassen zu treffen. Die Störer werden dann in die (höhere) Klasse geschickt (was ihnen zumeist höchst unangenehm ist) und müssen dort vorbereitete Arbeitsblätter bearbeiten.

Konsequenzen
Nicht jeder Verstoß gegen die Regeln in der Klasse muss automatisch geahndet werden. Der klug erziehende Lehrer beherrscht den Spagat zwischen klarer Konsequenz und der Fähigkeit, Regelverstöße auch bewusst zu ignorieren, eben wie ein guter Schiedsrichter „Vorteil" zu geben. Auf jeden Regelverstoß sofort und möglicherweise hart zu reagieren, ist erzieherisch wenig sinnvoll und trägt genauso wenig dazu bei, Respekt von den Schülern zu erlangen wie es keinen Sinn hat, auf Regelverstöße gar nicht oder – was fast auf das Gleiche hinausläuft – nur mit den ewig gleichen Ermahnungen, die letztlich ohne Konsequenzen bleiben, zu reagieren.

Weil Regelverstöße Konsequenzen haben müssen, geht es nicht ohne Strafen ab. Manche – gerade junge – Lehrer tun sich schwer mit der Vorstellung, ihre Schüler zu bestrafen. Tatsächlich aber erwarten die Schüler, dass Regelverstöße auch konsequent, angemessen und gerecht bestraft werden.

Sowohl dem Lehrer als auch den Schülern muss klar sein, welche Strafen wann in Frage kommen. Strafen sollten nie spontan verhängt werden. In einer ruhigen Unterrichtssituation sollte man besprechen, um welche Strafen es geht.

„Kluge" Strafen – natürliche Folgen
Auch die Erziehungs-Klassiker beispielsweise um Rudolf Dreykurs haben sich – zumindest verbal – um „Strafen" herumgedrückt. Sie sprechen stattdessen lieber von „logischen", bzw. „natürlichen" Folgen. Gemeint ist damit ganz schlicht das Prinzip „Wer etwas kaputt macht, muss es heil machen", also zum Beispiel: Wer am Anfang zu spät kommt, muss am Ende länger bleiben. Wer etwas schmutzig macht, muss es sauber machen. Wer etwas wegnimmt, muss es ersetzen. Wer Andere am Lernen hindert, muss etwas tun, was ihr Lernen erleichtert. Und letztlich auch: Wer durch permanentes Stören zeigt, dass er nicht am Unterricht teilnimmt, kann auch tatsächlich nicht am Unterricht teilnehmen.

Diese Strafen – als solche werden sie ja zu Recht wahrgenommen – sind zumeist wirksam, sofern sie sparsam und mit Bedacht eingesetzt werden. Wer beispielsweise permanent „rausschmeißt", entwertet diese Maßnahme dadurch und nimmt ihr die Wirkung. Die Wirksamkeit dieser „klugen" Strafen („natürlichen Folgen") wird dadurch erhöht, dass sie sich sehr einfach begründen lassen und dass sie häufig für Schüler ausgesprochen unangenehm sind.

Beispiele für solche Strafen:
- Versäumten Unterricht nachholen, z. B.: Verlorene Zeit an der Tafel notieren und am Ende der Stunde oder in der nächsten Stunde nachholen
- Klassenraum oder Schulräume / Pausenhof sauber machen
- Übungsmaterial zur Vorbereitung auf Klassenarbeiten für die Mitschüler erstellen („Spickzettel")

Gelbe / Rote Karte

Die Gelbe bzw. Rote Karte muss man nicht erklären. Der große Vorteil besteht darin, dass der Lehrer unaufgeregt und nonverbal agieren kann. Gelbe Karte: Letzte Verwarnung. Die Konsequenz der Roten Karte muss im Vorfeld geklärt sein. Sinnvoll ist hier jede Art von „klugen" Strafen. Nur in Extremfällen sollte sie einen „Platzverweis" bedeuten.

Ausschluss vom Unterricht

Der Ausschluss vom Unterricht, der „Platzverweis", kann eine angemessene „natürliche Folge" sein, sollte aber immer ultima ratio bleiben. Der Ausschluss vom Unterricht ist vor allem immer dann sinnvoll, wenn Schüler konsequent nicht auf Ermahnungen des Lehrers reagieren, wenn sie andere Schüler massiv beim Lernen behindern, wenn sie unangemessene Aufmerksamkeit und Beachtung für nichtkonstruktives Verhalten erfahren oder wenn sie schlicht eine Auszeit benötigen, um sich zu beruhigen. Wenn Schüler also zeigen, dass sie nicht am Unterricht teilnehmen können oder wollen, ist die logische Konsequenz, sie nicht am Unterricht teilnehmen zu lassen.

Kapitel 2 · Disziplin herstellen

In wenigen Ausnahmefällen kann es sinnvoll sein, einen Schüler kurzfristig (also für fünf bis zehn Minuten) vor die Klassentür zu stellen. Das ist aber nur dann möglich, wenn der Lehrer sicher ist, dass sich der Schüler an die Absprache hält, ruhig vor der Tür zu warten, bis er vom Lehrer nach spätestens zehn Minuten wieder in den Klassenraum geholt wird.

Besser und wirksamer ist es, den störenden Schüler zu isolieren, indem er nach Absprache in den Unterricht eines Kollegen geschickt wird (siehe oben „Schüler isolieren") oder – wie es an einigen Schulen erfolgreich praktiziert wird – in einen von einem Lehrer beaufsichtigten „Ruheraum".

Ein Ausschluss vom Unterricht kann auch im Vorfeld verhängt werden, beispielsweise der Ausschluss von der nächsten Sportstunde.

Selbstverständlich haben Schüler in allen Fällen, in denen sie vom Unterricht ausgeschlossen wurden, die Verpflichtung, das Versäumte durch entsprechende schriftliche Aufgaben nachzuholen. Im Sportunterricht ist es beispielsweise sinnvoll, dass Schüler, die von der Teilnahme ausgeschlossen wurden, auf der Bank sitzen und ein ausführliches Stundenprotokoll anfertigen.

Kapitel 2 · Disziplin herstellen

Selbst-Check:
Disziplin herstellen

	Das ist sehr wichtig.	Darin bin ich gut.	Darin will ich besser werden.	Das konkret werde ich tun.
Stillezeichen				
Countdown zum Leisewerden				
konstruktive Schüler loben				
Stundenprogramme mit abwechslungsreichen Phasen und Pausen gegen Unaufmerksamkeit				
regelmäßige Auszeiten in der Stunde, Gelegenheiten zum offiziellen „Kurz-Chat"				
Belohnungen				
Zielvereinbarungen / Verträge				

Kapitel 2 · Disziplin herstellen

Selbst-Check:
Disziplin herstellen

	Das ist sehr wichtig.	Darin bin ich gut.	Darin will ich besser werden.	Das konkret werde ich tun.
den eigenen Ärger kontrollieren				
im Unterricht Auszeit nehmen: kein Unterricht				
Konflikte mit einzelnen Schülern				
Beziehung / Kontakt entwickeln				
Störer mit konstruktiven Aufgaben betrauen				
nie Konflikte vor der Klasse austragen. Grundregel: Einzeln und freundlich!				

Kapitel 2 · Disziplin herstellen

Selbst-Check: Disziplin herstellen

	Das ist sehr wichtig.	Darin bin ich gut.	Darin will ich besser werden.	Das konkret werde ich tun.
einzelne störende Schüler auch ignorieren, bewusst keinen Blickkontakt.				
einzelne Schüler isolieren, Verabredungen mit Kollegen v. a. aus höheren Klassen				
Konsequenzen				
„kluge" Strafen – natürliche Folgen				
die Gelbe oder Rote Karte				
verlorene Zeit an der Tafel notieren und nachholen				
Ausschluss vom Unterricht				

Problem: Schüler aktivieren und motivieren

Meine Schüler sind unglaublich träge. Sie beteiligen sich, wenn überhaupt, nur nach massiver Aufforderung am Unterricht. Sie wirken lustlos und desinteressiert. Selbst gut vorbereitete, thematisch und methodisch interessante Stunden lassen sie kalt. Wie schaffe ich es bloß, meine Schüler aufzuwecken, sie spürbar zu motivieren und vor allem zu aktivieren?

Ursachen der Lustlosigkeit

Das oben dargestellte Problem betrifft sehr viele Schüler in praktisch allen Schulformen, in der Regel spätestens etwa ab der siebten Klasse. Erst in der Studienstufe des Gymnasiums wachen dann einige Schüler wieder auf. Bis dahin hat sich aber in ihren Köpfen ein Bild von Schule, Lernen und Unterricht stark verfestigt, demzufolge schulisches Lernen eine Zwangsveranstaltung ist, bei der es in der Regel nicht um interessante Themen und Lerninhalte geht, nicht um die Lust, interessante Fragen zu beantworten und wichtige Probleme zu lösen, nicht darum, Neues zu entdecken und zu entschlüsseln, sondern in erster Linie darum, mit möglichst wenig Aufwand ein Maximum an „Punkten" zu erzielen. Die extreme Organisation von schulischem Lernen auf Klausuren, Prüfungen und abfragbares Wissen befördert diese Haltung.

Ein weiterer Grund für das unterrichtliche Desinteresse vieler Schüler besteht spätestens ab 13 in der hohen Bedeutung der Peergroup. Mehr denn je stehen Fragen des Miteinander-Auskommens, des Miteinander-„Gehens", des Findens der eigenen Identität im Mittelpunkt des Denkens und Fühlens der Jungen und Mädchen. Selbst der beste schülerorientierte Unterricht hat es dann schwer, die Schüler wirklich zu erreichen.

In vielen Klassen ist die Lethargie der Schüler auch das Ergebnis eines Teufelskreises, Produkt gleich mehrerer negativ wirkender „Self-fulfilling prophecies". Viele Lehrer trauen ihren Schülern immer weniger zu und fühlen sich durch die Schlappheit und die schlechten Leistungen ihrer Schüler darin bestätigt, verzichten dann unbewusst immer mehr auf wirklich aktivierende Unterrichtsmethoden. Und verstärken damit andererseits das extrem negative Bild und die außerordentlich negative Erwartungshaltung ihrer Schüler im Hinblick auf Schule.

Ein weiterer wichtiger Aspekt betrifft die in der Schule behandelten Themen, die in der Wahrnehmung der Schüler viel zu wenig mit ihnen, ihren Fragen, Interessen und mit der wirklichen Welt zu tun haben (siehe Kapitel „Mehr und besser lernen").

Problem Frontalunterricht

Der größte Irrtum hinsichtlich der Gestaltung von Unterricht besteht darin, dass die meisten Lehrer einen Methoden-„Mix" aus gemeinsamer „Erarbeitung" (Modell „fragend-entwickelndes Unterrichtsgespräch") und „Stillarbeit" (individuelle Bearbeitung von Arbeitsblättern) praktizieren. Ein Modell, das darauf basiert, dass erstens alle Schüler zur gleichen Zeit dasselbe tun und dass zweitens im Unterricht geschwiegen wird und höchstens (außer dem Lehrer) jeweils nur ein Schüler spricht.

Diese Art von Unterricht ist auf Dauer selbst bei interessanten Themen ermüdend und produziert Störungen. Der Lerneffekt ist für die meisten Schüler, die nur zuhören können (häufig euphemistisch als „Mitdenken" apostrophiert), äußerst gering. Vor allem diese Art von Unterricht ist verantwortlich für das Desinteresse und die Lustlosigkeit so vieler Schüler. Doch viele Lehrer meinen, nur in einem derart „frontal" gestalteten Unterricht das Heft in der Hand zu behalten und das Unterrichtsgeschehen und vor allem das Lernen der Schüler steuern zu können.

Wie kann man es denn schaffen, den Unterricht einerseits klar zu steuern und sich zugleich als Lehrer weitestgehend zurückzunehmen und die Schüler spürbar zu aktivieren und **ihnen** das Wort zu geben?

Kapitel 3 · Schüler aktivieren und motivieren

Partnerarbeit

Die einfachste und vielleicht effizienteste Möglichkeit, Schüler zu aktivieren, besteht darin, sie regelmäßig (und das heißt: mehrmals in jeder Stunde) zur Zusammenarbeit mit einem Nachbarn aufzufordern. Nachbarn können zum Beispiel ...

- gemeinsame Unterrichtsgespräche in einem „Murmelgespräch" zu zweit vorbereiten
- den Inhalt einer Lehrerinfo oder eines Schülerreferats ebenfalls in einem „Murmelgespräch" nachbereiten, reflektieren, „sacken" lassen
- Arbeitsblätter zu zweit bearbeiten
- sich eine Aufgabe oder einen Sachverhalt gegenseitig erklären
- sich individuell erstellte Ergebnisse (z. B. individuell bearbeitete Arbeitsblätter oder selbst verfasste Texte) gegenseitig vorlesen, zeigen und gemeinsam überarbeiten
- Infotexte gemeinsam erlesen und zusammen den Inhalt rekapitulieren
- Präsentationen vorbereiten

Die Angst mancher Lehrer, dass Partnerarbeit nicht konstruktiv verläuft, sondern dass die Schüler diese Zeit vor allem für „erlaubte" Nebengespräche nutzen, ist nur zum Teil berechtigt. Sicherlich wäre es vermessen, die Erwartung zu haben, dass alle Schüler in der Partnerarbeit immer und ausschließlich zur Sache arbeiten würden. Das gilt schließlich genauso für Erwachsene, zum Beispiel für Lehrer! Aber noch unrealistischer wäre es, die Erwartung zu haben, dass im klassischen „nur-einer-spricht-Frontalunterricht" jederzeit alle Schüler vollständig bei der Sache sind. Das gilt natürlich selbst dann nicht, wenn sie ein vermeintlich aufmerksames Gesicht machen ...

Regelmäßige Partnerarbeit, bei der zwei nebeneinander sitzende Schüler aktiv zusammen arbeiten, das heißt vor allem, miteinander sprechen, hat eine Reihe von Vorteilen:

- Sie funktioniert bei jeder Sitzordnung und in jedem Klassenraum
- Sie hat ein sehr hohes Aktivierungspotenzial

- Sie fördert und unterstützt effizientes und nachhaltiges Lernen, weil es für erfolgreiches Lernen außerordentlich hilfreich ist, über den Lerninhalt zu **sprechen**.
- Sie ist in der Regel viel effizienter und lernintensiver und obendrein praktikabler als die ebenfalls aktivierende Gruppenarbeit.
- Partnerarbeit bietet ganz besonders auch schüchternen Schülern, die sich nicht oder zu selten trauen, sich vor der ganzen Klasse zu äußern, eine wunderbare Gelegenheit, ihre sprachlichen Kompetenzen (z. B. im Fremdsprachenunterricht) zu üben und zu pflegen.

Welche Voraussetzungen müssen erfüllt sein, damit Partnerarbeit funktioniert?

- Der Lehrer muss akzeptieren, dass es im Unterricht selbstverständlich und normal ist, dass mehrere Schüler gleichzeitig sprechen.
- Es braucht klare Regeln, z. B. dass man „murmelnd", mit der „20-cm-Stimme" mit einem Partner spricht, das heißt: Es ist weder nötig, noch sinnvoll zu flüstern. Und gleichzeitig muss jeder im Raum seine Stimme bewusst dämpfen.
- Eher knapp bemessene Zeitvorgaben für Partner- (bzw. Gruppen-) Arbeitsaufgaben bringen Schwung und Konzentration durch Tempo.
- Die Sitzordnung sollte passende und wechselnde Partner ermöglichen. Es ist also wichtig, Sorge dafür zu tragen, dass Schüler zusammenarbeiten, die auch konstruktiv zusammenarbeiten können. Und es sollte Gelegenheiten geben, den Kooperationspartner auch zu wechseln.

Noch mehr kooperative Lernformen

Noch einmal: Nichts bestärkt Schüler mehr in ihrer Lernlethargie als ein Unterricht, in dem immer nur höchstens einer reden kann, ein Unterricht, in dem man sechs Stunden und länger vor allem zuhören und stillsitzen muss und bestenfalls in der „Stillarbeit" alleine etwas schreiben darf. Schüler brauchen – genau wie Lehrer auch – Möglichkeiten zum gegenseitigen Austausch, zur Bewegung, zur Aktivität. Ohne großen Aufwand lässt sich bereits viel mit den oben dargestellten Möglichkeiten der Partnerarbeit erreichen. Anspruchsvoller und zum Teil noch motivierender für Schüler sind weitere kooperative Lernformen, die aber in jedem Fall voraussetzen, dass im Klassenraum eine konstruktive Lernatmosphäre herrscht und dass es funktionierende Regeln für das gemeinsame Lernen gibt. Sinnvolle kooperative Lernformen zeichnen sich gerade dadurch aus, dass sie die Kooperation in Gruppen durch klare Spielregeln erleichtern.

Die Zusammenarbeit in Gruppen wird erleichtert, wenn zuvor Kriterien für gute Zusammenarbeit geklärt wurden. Diese Kriterien (zum Beispiel Zuhören, Nachfragen, möglichst gleicher Anteil aller Gruppenmitglieder am Zustandekommen des Ergebnisses usw.) müssen von allen Schülern verstanden und akzeptiert und die Erfüllung der Kriterien muss durch regelmäßiges Feedback evaluiert werden. Für das Feedback ist vor allem die Gruppe selbst zuständig, aber auch der Lehrer sollte seine Beobachtungen beisteuern und die Feedbackergebnisse insgesamt auch in die Bewertung der Gruppenarbeit einbeziehen.

Sinnvoll ist es weiterhin, den einzelnen Gruppenmitgliedern im Vorfeld bestimmte Aufgaben zuzuteilen, die natürlich bei jeder Gruppenarbeitsphase wechseln. So gibt es z.B. in jeder Gruppe Verantwortliche für das Zeitmanagement („Zeitwächter"), für Ergebnisprotokolle, für die Visualisierung, für die Regeleinhaltung und Disziplin, für die Präsentation der Arbeitsergebnisse. Diese Festlegung von Aufgaben und Rollen wird zum Teil als Methode der „nummerierten Köpfe" bezeichnet.

Gruppenpuzzle

Das „Gruppenpuzzle" funktioniert nach dem Prinzip, dass Ergebnisse der Gruppenarbeit unter den einzelnen Gruppen ausgetauscht werden, indem die Gruppen nach einem vorher festgelegten Plan jeweils neu gemischt werden. In den neu zusammengesetzten Gruppen informieren sich die Schüler gegenseitig über die Ergebnisse ihrer Arbeit in den ursprünglichen Gruppen.

Diese Arbeitsform ermöglicht verschiedene methodische Varianten. So kann beispielsweise eine Aufgabe zunächst zu zweit bearbeitet werden, anschließend erfolgt der Austausch mit einem anderen Paar und die neu entstandene Vierergruppe kann sich mit einer weiteren Vierergruppe zusammentun, um beispielsweise eine anspruchsvolle Präsentation vorzubereiten.

Eine andere Variante des Gruppenpuzzles besteht darin, dass jeder einzelne Schüler einer Arbeitsgruppe (von z. B. vier Schülern) sich zunächst zum Experten für ein bestimmtes Unterthema macht und sich im zweiten Schritt mit dem oder den Experten aus anderen Gruppen zusammentut, die zum selben Unterthema gearbeitet haben, um die zunächst allein gefundenen Ergebnisse auszutauschen und zu verbessern.

Schriftliche Diskussion

Es gibt verschiedene Methoden der „schriftlichen Diskussion". Diese Methoden sind Schülern leicht zu vermitteln, weil sie an etwas anknüpfen, das heute viele Schüler privat praktizieren: das Online-Chatten, bzw. der regelmäßige schriftliche Austausch online über „Messenger"-Systeme (z. B. MSN Messenger), bzw. per SMS.

Vorteile der schriftlichen Diskussion sind, dass dadurch eventuell bestehende gruppendynamische Spannungen reduziert werden können und eine ruhige Arbeitsatmosphäre geschaffen wird. Außerdem wird dadurch das genauere Nachdenken über andere Sichtweisen gefördert (gewissermaßen das „Zuhören").

Beim „Platzdeckchen" beispielsweise sitzen drei oder vier Schüler an einem Gruppentisch, in der Mitte des Tisches liegt ein großes Blatt (A3). Jeder Schüler schreibt zunächst seine Meinung, bzw. seinen Beitrag zu dem gesetzten Thema in das Feld des „Platzdeckchens", das vor ihm liegt. Wenn alle Schüler ihren Beitrag geschrieben haben, wird das „Platzdeckchen" gedreht, sodass man die Beiträge der anderen Schüler lesen und gegebenenfalls schriftlich kommentieren kann.

Es kann anschließend sinnvoll sein, in der Gruppe eine gemeinsame Position zu finden, die man dann in das freie Feld in der Mitte des „Platzdeckchens" schreibt.

Eine weitere Möglichkeit der schriftlichen Diskussion ist die Methode „Verschicke eine Aufgabe". Diese Methode eignet sich besonders gut für die Bearbeitung von Problemen oder Entscheidungsfragen:

Das Thema/die Entscheidungsfrage/das Problem wird innerhalb einer Gruppe formuliert und auf einen Zettel geschrieben. Der Zettel wird an eine andere Gruppe weitergegeben, die ihre Antwort darauf schreibt. Diese Gruppe gibt den Zettel an eine weitere Gruppe, die ebenfalls ihre Antwort dazu schreibt. Anschließend wird der Zettel noch an eine dritte Gruppe gegeben, um dann zur Ausgangsgruppe zurückzukehren. Diese findet dann drei Anregungen, Gedanken, Vorschläge oder Lösungen zum Ausgangsthema und entscheidet sich anschließend für die ihrer Meinung nach optimale Lösung.

Präsentationen

Ein weiteres wichtiges und sehr sinnvolles Feld für Partnerarbeit sind Präsentationen. Auch Präsentationen sind ja bekanntermaßen häufig für die Präsentatoren wesentlich interessanter als für die Zuschauer, die ja wieder mal (wie meistens) nur zuhören können. Sie tragen deshalb keineswegs zur Aktivierung einer Lerngruppe bei, sondern können die Lethargie vieler Schüler sogar noch verstärken. Statt des stereotypen „Wer möchte denn mal sein Ergebnis präsentieren?" am Ende einer Phase selbstständiger Arbeit kann deshalb eine gegenseitige Partner-Präsentation (oder auch eine Präsentation in der Gruppe) wesentlich sinnvoller, weil aktiver und aktivierender, sein als eine „frontale" Präsentation („einer für alle").

Kapitel 3 · Schüler aktivieren und motivieren

Weitere Möglichkeiten, Schüler zu aktivieren und zu motivieren
Im Unterricht häufiger spielen und singen – auch mit den „Großen"!
Es gibt unendlich viele Möglichkeiten, Schüler durch Spiele zu aktivieren und zu motivieren! Spiele, die sehr einfach und unkompliziert in den Unterricht zu integrieren sind und die nicht nur Spaß machen, sondern einen nicht zu unterschätzenden „by-the-way"-Lerneffekt haben. Das sind vor allem Quizspiele in den unterschiedlichsten Varianten, zum Beispiel nach dem „Strickmuster" „Wer wird Millionär?". Zahlreiche Anregungen und Ideen gibt es auf www.guterunterricht.de.

Auch das Singen im Unterricht wird allzu oft vernachlässigt und bietet doch wunderbare Möglichkeiten, Schüler zu aktivieren und zu motivieren. Gerade im Fremdsprachenunterricht bietet es sich auch für Lehrer, die sich selbst nicht für sehr musikalisch halten, an, beispielsweise aktuelle Hits in der Fremdsprache einfach nur zur CD mitzusingen. Lieder im Unterricht machen nicht nur Spaß, sondern bieten jede Menge sinnvoller Lernmöglichkeiten – von Klasse 1 bis 13!

Häufiger projektorientiert unterrichten statt nach Lehrbuch!
Projektorientiertes Unterrichten setzt Erfahrung mit kooperativen Lernformen und eine konstruktive Lernatmosphäre im Klassenraum sowie didaktisch-methodische Fantasie auf Seiten des Lehrers voraus. Dann ist projektorientierter Unterricht sehr geeignet – nicht nur, um Schüler zu aktivieren und zu motivieren, sondern auch zur Verbesserung der Lernergebnisse.

Den Klassenraum schüler- und lernfreundlich gestalten!
Einen ästhetisch ansprechend und arbeitsökonomisch sinnvoll gestalteter, gepflegter, gut ausgestatteter und aufgeräumter Klassenraum wirkt unterschwellig hoch motivierend auf diejenigen, die sich in diesem Raum täglich einige Stunden aufhalten und hier effektiv lernen sollen.

Kapitel 3 · Schüler aktivieren und motivieren

Selbst-Check:
Schüler aktivieren und motivieren

	Das ist sehr wichtig.	Darin bin ich gut.	Darin will ich besser werden.	Das konkret werde ich tun.
regelmäßige Partnerarbeit				
Mehrere Schüler sprechen gleichzeitig.				
klare Regeln für Partnerarbeit, z. B. „20-cm-Stimme"				
geeignete Sitzordnung (Nachbarn) für Partnerarbeit				
„Murmelgespräche" vor Unterrichtsgesprächen				
Lehrerinfos oder Schülerreferate in „Murmelgesprächen" nachbereiten				
Arbeitsblätter zu zweit bearbeiten				
Schüler erklären sich eine Aufgabe oder einen Sachverhalt gegenseitig.				
sich individuell erstellte Ergebnisse gegenseitig vorlesen, zeigen und gemeinsam überarbeiten				

Kapitel 3 · Schüler aktivieren und motivieren

Selbst-Check: Schüler aktivieren und motivieren

	Das ist sehr wichtig.	Darin bin ich gut.	Darin will ich besser werden.	Das konkret werde ich tun.
Infotexte zu zweit gemeinsam erlesen und den Inhalt rekapitulieren				
regelmäßiges Feedback zur Erreichung der Kooperationskriterien				
Aufgaben und Funktionen für Gruppenmitglieder				
organisierter Austausch zwischen Gruppen („Gruppenpuzzle")				
„schriftliche Diskussion" in und zwischen Gruppen				
Präsentationen zu zweit vorbereiten				
statt gemeinsamer Präsentationen regelmäßige Präsentationen zu zweit oder in der Gruppe				
im Unterricht singen und spielen				
projektorientiert unterrichten				
den Klassenraum gestalten				

Problem: Besser und mehr lernen

Die Schüler sollen in möglichst jeder Stunde etwas Wichtiges, Interessantes, Neues gelernt haben (ganz besonders natürlich in Hospitations- und Lehrprobenstunden). Wie schafft man das?

Das Problem

Spätestens seit den desaströsen Ergebnissen der PISA- und anderer Studien zum Lernstand deutscher Schüler, die den Schulen – zumindest in den meisten Bundesländern und bestimmten Schulformen – ein eklatantes Missverhältnis von betriebenem Aufwand und tatsächlich erreichten Ergebnissen bescheinigen, ist die Frage, was die Schüler im Unterricht wirklich gelernt haben, deutlich stärker ins Bewusstsein der Bildungspolitiker und vor allem der Lehrer gerückt. Die Gretchenfrage guten Unterrichts lautet:
Was haben die Schüler in dieser Stunde Wichtiges, Interessantes, Neues gelernt, was können und wissen sie am Ende einer Stunde besser und mehr als am Anfang? Die entscheidende Frage also nach dem Lernertrag ist es auch, die im Mittelpunkt der meisten Besprechungen von Hospitations- und Lehrprobenstunden von Referendaren und Lehramtsanwärtern steht.

Die Auseinandersetzung mit dieser Frage ist in Zeiten internationaler Standard- und Leistungsuntersuchungen ausgesprochen schwierig, weil niemand in Deutschland ernsthaft glaubt, dass die Antwort in der Rückkehr zur Schule alten Typs liegt, in der möglichst viel Stoff „durchgenommen" und den Schülern mit möglichst viel Zwang eingetrichtert wird, nach dem Motto, wenn man oben in den Trichter nur genügend viel hineinstopft, wird unten schon genug ankommen.

Die seit einigen Jahren versuchte Lösung, durch deutlicher definierte Standards und regelmäßige Vergleichsarbeiten die Leistungen nachhaltig zu steigern, hat bisher jedenfalls keinen durchschlagenden Erfolg gezeigt. Selbst Lehrer an Gymnasien mit vielen Schülern aus „bildungsnahen" Elternhäusern klagen darüber, dass ihre Schüler sich den behandelten Stoff – trotz intensiven Übens und abwechslungsreicher Methoden – immer nur bis zur nächsten Klausur merken würden und man danach immer wieder fast von vorne beginnen müsse.

Die Lösung: Aha-Erlebnisse

Die einzige Lösung dieses Problems besteht darin, dass die Schüler so oft wie möglich realisieren und rational und emotional akzeptieren, dass das, worum es im Unterricht geht, für sie wirklich wichtig ist. Je häufiger dies der Fall ist, umso eher werden sie bereit sein, auch den Stoff zu lernen und zu „schlucken", der dieses Kriterium nicht erfüllt. Zur Zeit erfahren aber die allermeisten Schüler so gut wie nie, dass und warum das jeweilige Thema ihres Unterrichts interessant und wichtig ist. Sie erleben Unterricht zumeist als eine Zwangsveranstaltung, in der es darum geht, dass sie irgendetwas lernen müssen, weil es halt dran ist. Eigentlich ist es egal, um was es geht. Es muss nun mal durchgenommen werden und irgendwie rein in die Köpfe.

Die einzige Möglichkeit, diesen Zustand zu ändern und die Chance zu haben, dass die Schüler das Lernen tatsächlich zu ihrer Sache machen, besteht darin, sich als Lehrer immer wieder zu fragen, was es an dem jeweiligen Unterrichtsthema Wichtiges und Interessantes zu entdecken, zu lernen gibt. Das Zauberwort heißt: Aha-Erlebnisse. Und die Zauberformel für die Vorbereitung guten Unterrichts heißt: Was sind potenzielle Aha-Erlebnisse?

Manch einer wird nun einwenden, es sei doch gar nicht möglich, den Schülern andauernd Aha-Erlebnisse zu ermöglichen. Nicht zuletzt, weil es nun einmal ganz viel trockenen Stoff gibt, den man halt einfach pauken muss – um dann vielleicht später irgendwann einmal auch Aha-Erlebnisse zu haben.

Es ist richtig, dass es nicht in jeder Stunde Aha-Erlebnisse geben wird und auch nicht geben muss. Aber – und das ist der entscheidende Punkt – es gibt viel mehr Gelegenheiten, Themen und Stunden, in denen genau das möglich wäre, zur Zeit aber zumeist nicht realisiert

Kapitel 4 · Besser und mehr lernen

wird. Jeder Lehrer sollte deshalb beizeiten trainieren sich selbst zu fragen, welche potenziellen Aha-Erlebnisse beinhaltet dieser Stoff, dieses Thema?

Aha-Erlebnisse sind Antworten auf wichtige Fragen und Probleme, die meine sind oder die ich zu meinen gemacht habe, weil ich mit einer überraschenden, interessanten, wichtigen Frage konfrontiert wurde. Genau das ist die Aufgabe des Lehrers: Eine interessante oder wichtige Frage bzw. ein Problem, das zu lösen sich für die Schüler lohnt, zum Ausgangspunkt des Unterrichts zu machen. Die Zauberformel Nummer zwei heißt deshalb: Eine solche Frage/ein solches Problem zum Thema der Stunde machen! Diese Frage zieht sich wie ein roter Faden durch die Stunde und wird am Ende der Stunde beantwortet bzw. gelöst.

Doch selbst eine gute Leitfrage mit hohem „Aha-Potenzial" reicht noch nicht immer aus, um die Schüler wirklich zu gewinnen und die Chance zu nutzen, dass sie die Sache zu der ihren machen und dann wirklich selbst lernen. Der Lehrer muss die Frage, die er zum Unterrichtsthema gemacht hat, auch zur Sache der Schüler machen. Wenn die vermeintlich interessante Frage nur Mittel zum Zweck ist, um doch wieder bloß „seinen" Stoff durchzunehmen, ist das „Aha-Potenzial" und damit der Lernertrag der Schüler verschenkt. Zum Beispiel: Religion, Klasse 5. Thema: Reformation. Die Stundenfrage „Kann man sich von seinen Sünden freikaufen?" bietet zweifelsohne auch für 11-jährige Schüler ein hohes „Aha-Potenzial"! Dieses wird aber verschenkt, wenn es im Unterricht dann nur um Infos zu Luther und zum Ablasshandel geht.

Der einfachste Weg, die Schüler thematisch ins Boot zu holen, besteht darin, ihnen gleich zu Beginn Gelegenheit zu geben, sich zum Thema, zur Stundenfrage, zum Problem zu äußern: „Kennt ihr das?", „Was geht dir zu dieser Frage, zu diesem Problem durch den Kopf?". Wenn es dem Lehrer gelingt, den Gedanken, den Fragen und den Vorkenntnissen der Schüler aufmerksam zuzuhören, diese noch einmal spiegelnd zusammenzufassen und möglichst stichwortartig schriftlich für alle sichtbar festzuhalten, gibt er damit den Schülern das Gefühl, dass es ihm wichtig ist, was sie zum Thema denken und wissen und dass damit im Unterricht gearbeitet werden soll. Dies ist die entscheidende Voraussetzung dafür, dass die Schüler das Thema des Unterrichts zu ihrem Thema machen.

Emotionen

Echte Aha-Erlebnisse sind auch deshalb für nachhaltiges Lernen so relevant, weil sie in der Regel bei den Lernenden auch Emotionen auslösen, Gefühle, die sich viel gründlicher im Gedächtnis verankern als jede abstrakte Formel. Wer wirklich daran interessiert ist, dass seine Schüler besser und mehr lernen, sollte deshalb nie vergessen, auch die „Herzen" der Schüler anzusprechen!

Das kann zum Beispiel durch ein Experiment im Sachunterricht geschehen, das bei den Schülern erst ungläubiges Staunen auslöst, dann Fragen („Wie kann das angehen, dass das Wasser nicht durch den Trichter, der dicht auf der Flaschenöffnung steckt, in die Flasche fließt?") und schließlich aufgeregt Ideen produzieren lässt, wie man das Wasser wohl in die Flasche bekommen könnte. Oder durch eine witzige Anekdote oder eine emotionale Schilderung eines Problems oder Sachverhalts. Auch wenn das eigentlich unter Lehrern verpönt ist: Ab und zu ein paar Zutaten der dramaturgischen Mittel der den Schülern so vertrauten Welten aus Film und Fernsehen können dem Unterricht die nötige „Würze" verleihen und mit Sicherheit besseres Lernen unterstützen.

Vorsicht ist aber geboten vor beispielsweise im Religionsunterricht beliebten Themen wie „Wie fühlt sich ..." (z. B. Jona im Wal oder der verlorene Sohn)! Kaum je gelingt es (zumal in der Grundschule), hier über die ewig gleichen Stereotypen und Plattitüden hinauszukommen („Er fühlte sich ganz schlecht, war ganz traurig, hatte Angst" usw.). Der Lernertrag solcher Stunden tendiert dann häufig gegen null.

Kapitel 4 · Besser und mehr lernen

Selbst-Check: Besser und mehr lernen

	Das ist sehr wichtig.	Darin bin ich gut.	Darin will ich besser werden.	Das konkret werde ich tun.
im Unterricht so oft wie möglich etwas wirklich Wichtiges, Interessantes, Neues lernen				
Aha-Erlebnisse im Unterricht				
eine interessante Frage / ein wichtiges Problem zum Thema der Stunde machen.				
Vorwissen / Hypothesen der Schüler zum Stundenthema erfragen				
auch die „Herzen" der Schüler ansprechen				

Kapitel 5 · Arbeitsaufträge

Problem: Arbeitsaufträge

Immer wieder passiert es mir, dass die Schüler bei Arbeitsaufträgen beispielsweise für die selbstständige Arbeit, für das Ausfüllen von Arbeitsblättern, für Schreibaufgaben oder Experimente nicht ordentlich zuhören und nicht das machen, was sie machen sollen. Zu viele Schüler stellen unnötige Nachfragen, „Wie geht das?", „Soll ich ...?", „Können Sie mir mal helfen?".

Hartnäckig hält sich unter Lehrern das Gerücht, dass sich ein guter Arbeitsauftrag dadurch auszeichnet, dass der Lehrer seinen Schülern ausführlich und möglichst kleinschrittig erklärt, was genau sie zu tun haben und wie genau sie die folgende Aufgabe zu bearbeiten haben. Ein guter Arbeitsauftrag muss schließlich, nachdem man ihn erteilt hat, „abgesichert" werden, das heißt, dass ein oder mehrere Schüler wiederholen, was nun zu tun ist.

Angesichts des offensichtlichen Misserfolgs dieses Vorgehens ist es schon erstaunlich, dass immer wieder genau auf diesem Vorgehen beharrt wird, zum Beispiel bei der Ausbildung von Referendaren. Denn die oben genannten Nachfragen werden genau so in den Klassen gestellt, in denen zuvor alles ausführlich und kleinschrittig erklärt und anschließend „abgesichert" wurde.

Dass das bekannte Vorgehen bei der Erteilung von Arbeitsaufträgen (ausführliches, kleinschrittiges Erklären plus Wiederholen des Auftrags durch die Schüler) mehr schlecht als recht funktioniert, hat folgende Gründe:

- Es ist erwiesenermaßen ein Irrglaube, dass kleinschrittige Erklärungen geeignet sind, einen Vorgang oder Sachverhalt verständlich zu machen. Jeder, der sich schon mit Bedienungsanleitungen beispielsweise für Handys oder Aufbauanleitungen von Möbeln herumgeschlagen hat, kann ein Lied davon singen ...

- Je detaillierter die Erklärung ausfällt, umso stärker bekommt der Zuhörer, also in unserem Fall der Schüler, den Eindruck, er werde wohl für „blöd" gehalten. Dieses (unbewusste!) Phänomen führt dazu, dass man sich gegen diesen Eindruck „blöd" zu sein, instinktiv zur Wehr setzt, indem man nicht mehr zuhört, man ist ja schließlich nicht gemeint, so blöd ist man doch nicht!

- Ausführliche, detaillierte Anweisungen und Erklärungen tendieren dazu, objektiv Einfaches unnötig kompliziert zu machen. Dadurch können Arbeitsaufträge kontraproduktiv wirken.

- Die erzieherische Wirkung von zu detaillierten, kleinschrittigen Arbeitsaufträgen, die obendrein noch von einem Schüler wiederholt werden, ist verheerend: Die unterschwellige Botschaft an die Schüler lautet ja gerade, „Du musst nicht so genau aufpassen, weil ja alles doppelt und dreifach erklärt wird."

Schüler sollten und können aber lernen: „Ich muss genau aufpassen – und ich muss selbst meinen Kopf anstrengen, um den Arbeitsauftrag oder die Erklärung zu verstehen." Genau diese Erfahrung und Haltung ist die Voraussetzung dafür, dass es keine der oben zitierten Nachfragen gibt!

Was kann man tun, damit Arbeitsaufträge „ankommen" und die Schüler keine unnötigen Nachfragen stellen?

1. Wenig sagen!
Ein typisches Phänomen, das die meisten Referendare und viele Lehrer kennen: Je mehr man sagt, umso unklarer wird die Aussage. Und wer – mehr oder weniger einfache – Sachverhalte mit einem Wortschwall zudeckt, vermittelt den Eindruck, selbst unsicher zu sein. Deshalb nützt es, sich das, was man sagen möchte, sehr genau zu überlegen, (zum Beispiel auf einer Karteikarte) zu notieren und in der Ernstsituation lieber vorzulesen als sich spontan zu verhaspeln und zu verplaudern.

2. Statt vieler Worte wenige prägnante „Ankerbegriffe"!

Ankerbegriffe gut gesetzt können wahre Lernwunder bewirken! Ein Ankerbegriff ist ein Wort, das den Inhalt gleich mehrerer Sätze präzise und gut merkbar auf den Punkt bringt, also zum Beispiel: Höre! Lies! Schreibe!

3. Ankerbegriffe visualisieren!

Ihre optimale Lern- und Merkwirkung entfalten Ankerbegriffe, wenn sie gut visualisiert, also zusätzlich mit einem Bild gekoppelt werden. Es kann bereits hilfreich sein, den Ankerbegriff nur anzuschreiben. Noch besser ist es, ein eindeutiges einfaches Bild (Vignette) zu zeichnen oder die verbal geäußerten Ankerbegriffe nonverbal zu unterstützen: „Ihr habt also jetzt drei Dinge zu tun (mit den Fingern 1-2-3 zeigen): Erstens hören (Hand ans Ohr legen), zweitens lesen (imaginäre Brille vor die Augen halten oder mit zwei Fingern einer Hand auf die Augen zeigen), drittens schreiben (Schreibbewegung mit der Hand)!"

4. Ein Beispiel geben!

Wie kurz (siehe 1.!) und verständlich die meisten Arbeitsaufträge doch sein könnten, wenn der Lehrer statt sehr viele Worte zu machen, einfach ein kurzes, nachvollziehbares Beispiel für die korrekte Bearbeitung des Auftrags geben würde! Trotz der Gefahr, dass das Beispiel die Schüler auf eine bestimmte Spur setzt und sie – vor allem bei kreativen Aufgaben – nicht mehr offen genug für ganz andere Wege sind, ist ein Beispiel immer der beste Weg, einen Auftrag kurz und nachvollziehbar zu erklären. Wenn möglich sollte aber ein Beispiel gewählt werden, das bereits eine Lösung für die von den Schülern zu bearbeitenden Aufgaben bietet.

5. Arbeitsauftrag in der Regel nicht wiederholen lassen!

Erstens, weil Schüler dadurch die Botschaft erhalten: „Du musst nicht so genau aufpassen, es wird alles noch einmal wiederholt!" Und zweitens, weil Schüler sich häufig Sachverhalte gegenseitig besser erklären können, als es viele Lehrer könnten. Das gilt aber nur für den direkten Austausch mit einem Partner oder gerade noch in einer kleinen Gruppe. Die Erklärung eines Auftrags oder Sachverhalts spontan – also ohne Vorbereitung – vor der ganzen Klasse setzt eigentlich professionelles Know-how voraus, über das die Schüler nicht verfügen und auch nicht verfügen müssen!

Es gibt eine Ausnahme: In einigen Grundschulklassen gibt es die Institution des „Papageienkindes". Dies ist ein regelmäßig wechselnder Schüler, der die Aufgabe hat, den Arbeitsauftrag des Lehrers zu wiederholen. Auch die Praxis des „Papageienkindes" bringt den Nachteil mit sich, dass sich die Schüler zu sehr darauf verlassen, dass der Arbeitsauftrag noch einmal wiederholt wird. Dadurch aber, dass bereits vorher klar ist, wer „Papageienkind" ist und dass dieses den Auftrag wiederholen wird, kann sich das jeweilige Kind innerlich besser auf das Wiederholen vorbereiten, indem es vor allem besonders gut aufpasst, wenn der Lehrer den Auftrag erteilt. Interessant ist, dass die anderen Schüler häufig sehr genau darauf achten, ob das „Papageienkind" seinen „Job" gut macht, indem es den Arbeitsauftrag korrekt wiederholt.

6. Arbeitsaufträge von Zeit zu Zeit ausschließlich schriftlich erteilen!

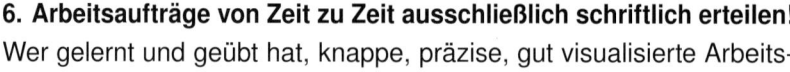

Wer gelernt und geübt hat, knappe, präzise, gut visualisierte Arbeitsaufträge zu geben, wird gute Erfahrungen damit machen, Arbeitsaufträge ausschließlich schriftlich zu erteilen, entweder per Tafel, Folie oder Poster oder auf Arbeitsblättern für die Einzel-, Partner- oder Gruppenarbeit.

7. Bewusst knappe Zeitvorgaben!

Ein typischer Fehler gerade von Anfängern besteht darin, den Schülern zu signalisieren, sie hätten für die Erledigung eines Arbeitsauftrags jede Menge Zeit: „Ihr müsst euch nicht beeilen, ihr habt genügend Zeit!". Diese Ansage geschieht mit der Erwartung, dass intensives

Lernen nun einmal seine Zeit brauche und dass es kontraproduktiv sei, die Schüler unter Druck zu setzen. Zumeist führt aber das großzügige Bemessen der Zeit nicht zu einer Intensivierung des Lernens, sondern zu Bummelei und Unkonzentriertheit.

8. Klare, konkrete Verhaltensanweisungen kommunizieren, Verhaltens-Beispiele geben!

Auch hier gilt die alte Regel: Statt langer abstrakter Erklärungen sollte man lieber ganz einfach zeigen und vormachen, was gemeint ist. So kann man beispielsweise als Lehrer in einem „Rollenspiel mit sich selbst" vor der Klasse vormachen, wie man sich zu zweit gegenseitig Vokabeln abfragt.

9. „Du"- oder „Ihr-Ansprache"?

Manche Lehrer, vor allem in Grundschulklassen sprechen die gesamte Klasse grundsätzlich nur im Singular an. Diese „Du-Ansprache" kann – auch bei älteren Schülern – bei einfach und klar erteilten Arbeitsaufträgen in der Tat sinnvoll sein, weil sie die Aufmerksamkeit des einzelnen Schülers erhöht, er sich direkter angesprochen fühlt. („Du liest erst sorgfältig den Text und beantwortest dann die Fragen auf dem Arbeitsblatt!")

Vorsicht ist aber geboten, wenn die „Du-Ansprache" zur Marotte wird und mehrere Schüler, bzw. die ganze Klasse grundsätzlich im Singular angesprochen wird. Dies führt zu einer völlig künstlichen, „didaktisierten" Kommunikation, die unterschwellig signalisiert, die Angesprochenen nicht für „voll" zu nehmen.

10. Umgang mit Fragen

Ein guter Arbeitsauftrag zeichnet sich dadurch aus, dass er weitere Nachfragen seitens der Schüler überflüssig macht. Deshalb sollte man seine Schüler frühzeitig bewusst dazu erziehen, genau zuzuhören, weil sie wissen, dass der Auftrag nicht wiederholt wird und Nachfragen entweder gar nicht oder nur sehr sparsam beantwortet werden.

Wenn eine Klasse dies einmal verstanden hat und sich daran hält, kann man durchaus auch Raum für Nachfragen geben, allerdings unter Einhaltung bestimmter Spielregeln:

Jeder Schüler hat in der Phase der selbstständigen Arbeit die Möglichkeit für eine Nachfrage. Dazu erhält er einen vorbereiteten Nachfrage-Gutschein. Diesen kann er für eine Nachfrage an den Lehrer einlösen. Das Gutschein-Prinzip führt in der Regel quasi automatisch dazu, dass nur sehr wenige Schüler Nachfragen stellen, weil es ja aufwändig ist und weil man ja nie weiß, ob man seinen Gutschein vielleicht später noch braucht ...

Dass sich Nachfragen wie von selbst erledigen, gilt auch für die Regel, dass jeder, der eine Nachfrage hat, seinen Namen leise an die Tafel schreibt. Der Lehrer geht dann die Liste ab und beantwortet nacheinander die Fragen. Doch wie durch ein Wunder haben sich die meisten Fragen schon von selbst gelöst ...

Generell gilt für Nachfragen:
- Grundsätzlich erst selbst nachdenken!
- Dann den Nachbarn fragen.
- Und erst dann den Lehrer (siehe oben).

Kapitel 5 · Arbeitsaufträge

Selbst-Check:
Arbeitsaufträge

	Das ist sehr wichtig.	Darin bin ich gut.	Darin will ich besser werden.	Das konkret werde ich tun.
statt vieler Worte ein kurzes, einleuchtendes Beispiel geben				
statt vieler Worte wenige anschauliche, einprägsame Ankerbegriffe				
Anweisungen und Aufträge knapp und einprägsam visualisieren				
Auftrag einmal klar erteilen – und nicht wiederholen lassen				
Auftrag (nur) schriftlich erteilen				
bewusst knappe Zeitvorgaben				
klare Verhaltensanweisungen kommunizieren, Verhaltens-Beispiele geben				
„Du"- und „Ihr-Ansprache"				
Regeln für den Umgang mit Fragen				

Problem: Umgang mit alten und neuen Medien

Ich benutze viel zu selten Medien, weil ich Angst habe, mich vor den Schülern zu blamieren, wenn wieder irgendetwas nicht klappt. Ich weiß nicht so genau, worauf ich achten muss. Mir fehlt Routine in der Anwendung gerade technischer Medien, ich brauche praktische Tipps.

Die Nutzung von (technischen) Medien setzt sich überall in der Gesellschaft weiter durch. In Unternehmen ist die Verwendung von Computern und Internet, ebenso von modernen Präsentationsmedien, wie Moderationskarten und -wänden, Flipcharts, Stellwänden, Beamern und Notebooks oder Overheadprojektoren (OHP) selbstverständlich. In vielen Schulen haben sich diese Medien ebenfalls durchgesetzt und werden erfolgreich eingesetzt, beispielsweise um Unterricht effizienter vorzubereiten, um Unterrichtsgespräche und Konferenzen zu strukturieren und um Infos und Präsentationen zu visualisieren.

Gleichzeitig gibt es nach wie vor eine gar nicht so kleine Zahl von Lehrerinnen und Lehrern, die sich mit der Nutzung technischer Medien sehr schwer tun, die regelrecht Angst vor „der Technik" haben und die deshalb lieber darauf verzichten. Manche Lehrer trauen sich zunehmend weniger, dies zuzugeben, trauen sich nicht, Fragen zu stellen, weil man das doch heute „eigentlich" wissen muss ... Und so lassen sie lieber alles beim Alten, vertrauen auf die Kraft der „alten" Medien, die eigene Körpersprache, das Arbeitsblatt und die gute (allerdings!) alte Tafel. Und damit verzichten sie auf die „dienenden" Funktionen moderner technischer Medien.

Medien sind kein Selbstzweck, auch wenn mancher „Computer- oder Technikfreak" den Eindruck vermittelt, als ginge es vor allem um den Zauber und die Funktionsvielfalt von – vor allem neuer – Medien an sich. Medien im Unterricht, sinnvoll eingesetzt, haben eine Reihe von absolut unverzichtbaren – auch didaktischen – Funktionen, zum Beispiel:

- Wer die Grundfunktionen von Computer und Internet beherrscht (und sich dort nicht „verliert"), kann seine **Arbeit enorm vereinfachen:** Angefangen von der Unterrichtsvorbereitung mit Hilfe des Internets über standarisierte Tests und Klausuren bis hin zu Listenführung. Außerdem ist der Computer dank moderner intelligenter Suchfunktion die perfekte „Alles-sofort-wieder-finden"-Ablage.

- Medien bieten Funktionen zur **Visualisierung,** die das Lernen enorm erleichtern und effektivieren können, ein Bild (eine Grafik) sagt mehr als tausend Worte.

- Medien bieten Funktionen zur **Strukturierung,** helfen dabei, Sachverhalte auf den „Punkt" zu bringen und komplexe Themen und Inhalte zu gliedern. Auch diese Funktionen unterstützen das Lernen in hohem Maße, helfen dabei, Klarheit und Verbindlichkeit herzustellen, Aufmerksamkeit zu schaffen und Zeit zu sparen.

Deshalb hier einige praktische Tipps, wie man häufiger, sicherer und souveräner vom Einsatz der Medien profitieren kann.

Klassische Medien

Die gute, alte Wandtafel

Manch einer, der sich mit den „neuen" Medien schwer tut, beschwört gerne die vielen, tollen Möglichkeiten des klassischen Unterrichtsmediums überhaupt: die gute, alte Wandtafel. Recht hat er! Doch leider beherrscht bei weitem nicht jeder, der auf die Tafel „schwört" auch den professionellen Umgang mit diesem Medium. Spontane Tafelanschriebe auf schlecht gewischten Tafeln, unleserliche Schrift, chaotisches Layout, Striche, Pfeile und manchmal sogar kleine spontane Strichzeichnungen sind seit der „Feuerzangenbowle" Legende. Genau das ist die Achillesferse des Mediums Wandtafel: Es lädt ein zu spontanen „Visualisierungen" – und die gehen meistens schief. Wer allerdings die Arbeit an und mit der Tafel sorgfältig plant und vorbereitet, hat hier ein hervorragendes Medium ohne jeden technischen Aufwand jederzeit zur Verfügung. Nur ein Ersatzstück Kreide sollte der gut vorbereitete Lehrer immer in seinem „Ränzel" haben – sicherheitshalber!

Letztlich gelten für gut vorbereitete Tafelarbeit dieselben Kriterien, wie sie auch für die Arbeit mit modernen technischen Medien gelten, beispielsweise OHP, Präsentationswände oder Notebook und Beamer. Letztere haben den großen Vorteil, dass man sie gut und in Ruhe zu Hause vorbereiten kann. Das Besondere der Arbeit mit der Tafel besteht darin, dass ein Teil der Tafelanschriebe und -bilder „on the job" entstehen, vor den Augen der kritischen „Zuschauer", mit allen Risiken, die das birgt: Der Tafelanschrieb gelingt nicht so, wie eigentlich geplant oder er dauert viel länger, mit dem Risiko, dass die Schüler unaufmerksam werden und wohlmöglich stören.

Ein Grund mehr, Tafelanschriebe und -bilder sehr sorgfältig vorzubereiten:

Eine Tafel muss immer gut gewischt sein ...

... selbst wenn ich in der Stunde nicht mit der Tafel arbeite. Denn Tafelanschriebe – egal wie gut, wie attraktiv, wie geschmiert, egal, ob zum Thema passend oder nicht – sind Visualisierungen und erreichen dadurch – häufig bloß unbewusste! – Aufmerksamkeit. Wenn also irgendetwas an der Tafel steht, das gar nichts mit der aktuellen Stunde und dem aktuellen Thema zu tun hat, schafft es Ablenkung – und das ist das Letzte, was der Lehrer möchte. Deshalb sollte eine Tafel zum Stundenbeginn immer leer sein – außer natürlich, wenn der Lehrer bereits vor der Stunde etwas angeschrieben oder aufgehängt hat, das mit der aktuellen Stunde zu tun hat, zum Beispiel das „Programm" für die Stunde.

Eine Tafel sollte selbst dann vor der Stunde gewischt werden, wenn auch zum Stundenbeginn nichts an der Tafel steht, was zur aktuellen Stunde gehört. Denn es gibt nichts Unangenehmeres, als in der Stunde an eine schlecht gewischte Tafel zu schreiben, die voller Flecken und weißer Schlieren ist und die dann wohlmöglich spontan „nachgewischt" werden muss. Der Effekt ist bekannt. Mit Kreide auf eine noch feuchte Tafel schreiben zu müssen, führt garantiert dazu, dass Schüler rufen, „Das kann ich nicht lesen!!".

Am effektivsten wischt man die Tafel mit einem Tafelschwamm, der vorher in sauberem Wasser gut ausgedrückt wurde, und trocknet die Tafel anschließend mit einem handelsüblichen „Fensterabzieher", also dem Gerät, mit dem man Fenster- und Autoscheiben „streifenfrei" reinigt. In jedem Unterricht (und in allen Klassenstufen!) muss es dafür einen (regelmäßig wechselnden) Tafeldienst geben, der die Verantwortung dafür hat, dass ein Eimer mit frischem Wasser zur Verfügung steht, dass die Tafel, wie oben beschrieben, gut gewischt wurde und dass genügend Kreide vorhanden ist.

Vorher wissen, wie die Tafel hinterher aussehen soll

Selbst manch gut begonnenes Tafelbild wird am Ende doch wieder unübersichtlich, weil dem Lehrer noch etwas Wichtiges eingefallen ist oder weil ein Schüler noch etwas Wichtiges gesagt hat, das unbedingt noch irgendwo dazwischengeklemmt werden muss.

Um zu wissen, wie meine Tafel am Ende der Stunde aussehen soll, hilft es, sich bereits bei der Planung des Unterrichts ein kleines Modell seiner Tafel zu basteln und dort zu üben, wie der fertige Tafelanschrieb übersichtlich auf der Tafel verteilt werden kann. Für die weit verbreiteten Tafeln mit zwei ausklappbaren „Flügeln" kann man das beispielsweise ganz einfach mithilfe eines normalen DIN-A4-Blattes üben, das man einmal der Länge nach faltet und anschließend die beiden „Flügel" einklappt:

Auf dieser Modelltafel kann man seine Tafelanschriebe wunderbar vorbereiten und üben. Ja, man kann sogar üben, was genau wo auf der Tafel, was innen und was außen steht! Und das kann man natürlich genau so mit anderen Tafelformaten üben.

Ein solches fertiges Tafelbild lässt sich bis ins Detail vorbereiten, wenn es um Lehrer-Infos bzw. Erklärungen, um Arbeitsaufträge oder um Stundenprogramme geht. Etwas schwieriger ist es, wenn die Tafel dazu benutzt werden soll, Schüleräußerungen oder -beiträge übersichtlich und möglichst noch strukturiert festzuhalten. Wer sich aber im Vorfeld bewusst macht, wie das fertige Ergebnis vom Layout her aussehen soll (natürlich nicht vom Inhalt her), hat eine gute Chance, dass das Ergebnis übersichtlich und lesbar bleibt. Geeignete Möglichkeiten hierfür sind z. B.:

- Eine inhaltlich klare, aber knappe Überschrift
- Stichworte zu den Schülerbeiträgen hinter Spiegelstrichen

Oder:

- Eine Mindmap mit dem deutlichen Kurzthema in der Mitte
- Und stichwortartigen „Ästen" und „Zweigen"

Damit solche Tafelanschriebe gelingen, braucht es folgende Voraussetzungen:

- Sehr genau zuhören und den jeweiligen Schülerbeitrag stichwortartig verkürzt richtig auf den Punkt bringen können
- Schnell und zugleich sauber und deutlich an der Tafel schreiben können
- Die Schüler nehmen sich gegenseitig dran, damit sich der Lehrer vollständig auf das Mitschreiben konzentrieren kann

Kapitel 6 · Umgang mit alten und neuen Medien

Beispiel: Tafelanschrieb mit Spiegelstrichen

> Worum geht es im Text?
> - Großmutter
> - krank
> - Rotkäppchen: Kuchen und Wein bringen
> - Wolf
> - Nicht vom Weg abgehen
> - Blumen pflücken ...

Beispiel: Tafelanschrieb Mindmap

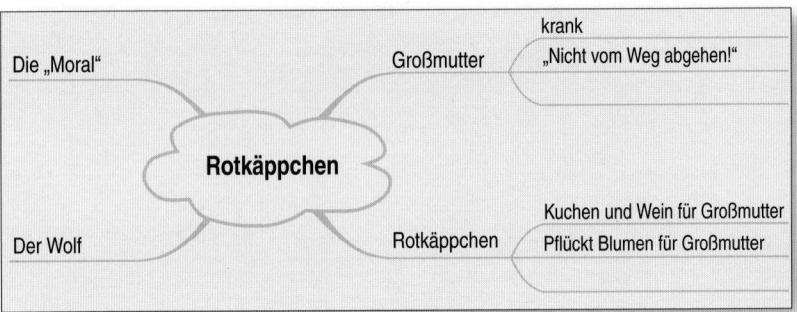

Ein gut vorbereiteter Tafelanschrieb könnte also zum Beispiel so aussehen:

Worum geht es im Text?	Die Gebrüder Grimm	„Rotkäppchen" von den Gebrüdern Grimm
- Großmutter	Jakob Grimm * 1785 + 1863	
- krank	Wilhelm Grimm *1786 + 1859	8:00 Wiederholung: Märchen
- Rotkäppchen: Kuchen und Wein bringen	Seit 1840 in Berlin	8:10 Info: Die Gebrüder Grimm
- Wolf	1812 –1815: Kinder- und Hausmärchen	8:20 Rotkäppchen lesen
- Nicht vom Weg abgehen	1816 –1818: Deutsche Sagen	8:30 Unterrichtsgespräch: Worum geht es im Text?
- Blumen pflücken	Das deutsche Wörterbuch: begonnen 1838	8:40 Notizen (+ HA!): Die „Moral"
- ...		

Auf der rechten Tafelseite befinden sich also das vor der Stunde oder zu Beginn der Stunde angeschriebene Stundenprogramm und die Hausaufgabe.
In der Mitte kurze Stichworte, die der Lehrer während seiner Lehrerinfo anschreibt sowie ein Foto (denn ohne Bilder geht es nicht!).
Ganz links dann die Stichworte, die der Lehrer während des Unterrichtsgesprächs mitgeschrieben hat.

Ein solches übersichtliches und informatives Tafelbild hat zum einen den Vorteil, dass es das Lernen der Schüler durch sinnvolle Visualisierung unterstützt und zum anderen, dass es ein Vorbild für die Schüler darstellt, wie sie selbst in übersichtlicher Weise Notizen festhalten können. Denn bekanntlich nützt es wenig, immer nur zu predigen, „Schreib doch mal ordentlich!!", wenn man selbst kein entsprechendes Vorbild gibt.

Im ersten Moment mag es aufwändig erscheinen, Tafelbilder so sorgfältig zu planen und zu gestalten. Tatsächlich ist es nur eine Frage der Routine. Wer einen solchen Weg der Vorbereitung als „normal" betrachtet, wird sehr schnell lernen, solche Tafelbilder „mit links" zu gestalten – zum Nutzen und zur Freude seiner Schüler, die wiederum auf den Lehrer zurückstrahlen wird. Kurz: Eine klassische „Win-Win-Situation". Was also hält Sie jetzt noch ab, für morgen ein Spitzen-Tafelbild vorzubereiten?!

Ankleben statt schreiben und zeichnen

Schließlich lassen sich Tafeln auch ähnlich wie Stellwände (s.u.) nutzen: Das, was ich an einer Stellwand mithilfe von Pins befestige, kann ich auch an eine Tafel kleben: Wortkarten, Bilder, Bildsymbole, Poster. Mehr zur Arbeit damit im Abschnitt „Stellwände und Moderationskarten".

So kann man etwas rückstandsfrei an eine Tafel kleben

- Kleine Tesakrepp-Knäuel auf der Rückseite der Karten oder Poster befestigen und damit an die Tafel kleben

- Wiederablösbare Kleberoller eignen sich hervorragend für die meisten, allerdings nicht zu schweren Objekte, z. B. „Pritt Kleberoller".
- Kleine Stücke von „Klebegummi", z. B. „Pritt Haftpunkte"

Tafel als Merkliste für Themen und offene Fragen

Immer wieder passiert es im Unterricht, dass Themen angesprochen oder Fragen aufgeworfen werden, die aktuell nicht weiter behandelt bzw. nicht spontan geklärt oder beantwortet werden können. Für diese Fälle eignet sich eine Seitentafel oder alternativ eine Flipchart, auf der aktuelle offene Fragen und Themen festgehalten werden – um dann möglichst zeitnah aufgegriffen und behandelt werden zu können. Diese für alle sichtbare „Offene-Punkte-Liste" signalisiert den Schülern, dass der Lehrer sie und ihre Anliegen ernst nimmt und dass es sich wirklich um wichtige Themen und Fragen handelt, die durch diese Art des Notierens sicher nicht in Vergessenheit geraten.

Folien

Wer gelernt und geübt hat, übersichtliche und informative Tafelbilder zu gestalten, hat mit derselben „Klatsche" gleich noch eine zweite „Fliege" geschlagen: Er bringt allerbeste Voraussetzungen für die Gestaltung von Folien mit! Jetzt also wird es „technisch". Aber keine Bange!

Es gibt zwei unterschiedliche Wege, mit Folien zu arbeiten:
1. Ich stelle eine Folie für den Overheadprojektor (OHP) her, in dem ich mit dem Kopierer eine beliebige Vorlage auf eine Folie kopiere. Diese Folie präsentiere ich mit dem OHP.
2. Ich erstelle Folien auf dem Computer mithilfe des Programms Microsoft PowerPoint (oder anderer Präsentationsprogramme, z. B. OpenOffice bzw. StarOffice). Ich kopiere Ausdrucke der einzelnen Folienvorlagen wie in 1. mit dem Kopierer auf Folien oder ich präsentiere den Folien-Satz mithilfe von PowerPoint und einem an ein Notebook angeschlossenen Beamer. (siehe unten: „Neue Medien")

Kapitel 6 · Umgang mit alten und neuen Medien

Tipps für die Arbeit mit dem Overheadprojektor (OHP)

- Prüfen, ob der OHP wirklich funktioniert: Funktioniert die Lampe, ist sie wirklich hell genug, sind die Linse und Folienauflage wirklich sauber? Es lohnt sich, die Folienauflage einmal richtig (mit einem sauberen Lappen, Wasser und Spülmittel) zu putzen, ebenso wie die Linse (nur mit einem sauberen, weichen, trockenen Tuch).

- Der OHP ist ein Tageslichtprojektor, der, wie der Name schon sagt, bei Tageslicht verwendet werden kann und verwendet werden soll! Denn auch die Arbeit mit dem OHP soll dem Vortragenden die Möglichkeit geben, seine Zuhörer zu sehen, mit ihnen Blickkontakt zu halten, sie dranzunehmen. Deshalb sollte man keineswegs dem spontanen Wunsch vieler Schüler („Licht aus! Vorhänge zu!") nachgeben, sondern im Gegenteil darauf bestehen, dass die Präsentation mit dem OHP bei Licht erfolgt.

- Jeder kennt als Teilnehmer von Seminaren das Problem, dass OHP-Folien nicht lesbar sind, weil die Schrift viel zu klein und weil viel zu viel Text auf einer Seite (Folie) ist. Dagegen hilft einerseits die Grundregel: „Kopiere nie eine Seite aus einem Buch oder einem Zeitschriftenartikel und mache daraus eine Folie!". Folien müssen gestaltet werden: Mit großer Schrift, vernünftigen Überschriften, Abbildungen und Stichworten statt Fließtext. Am einfachsten gestaltet man solche Folien mit PowerPoint! Denn auch diese Folien kann ich natürlich einzeln ausdrucken und als Kopiervorlage für OHP-Folien nutzen. Wenn ich auf PowerPoint verzichten möchte, muss ich sehr diszipliniert die genannten Gestaltungsregeln für Folien beachten.

- Der OHP ist – genau wie der Beamer – für Infos, Präsentationen und Vorträge gedacht, bei denen es wichtig ist, sein Publikum anzusehen. Das ist es in einer Klasse immer, allein aus Gründen der Disziplin. Deshalb muss der Lehrer nicht zur Leinwand bzw. Projektionsfläche gehen und dort (zumeist mühsam) etwas zeigen – und dabei unweigerlich seinem Publikum den Rücken zukehren. Was hervorgehoben werden soll, wird direkt auf der Folie gezeigt, z. B. mit einer Bleistift- oder Kugelschreiberspitze.

Dieses Zeigeinstrument wird ja ebenfalls projiziert, ich kann also zeigen und gleichzeitig mit meinem Publikum kommunizieren.

- Die Arbeit mit OHP-Folien hat zwei spezifische Vorteile: Ich kann auf OHP-Folien mit der Hand schreiben und zeichnen und Schüler können Arbeitsergebnisse für eine gemeinsame Präsentation direkt auf Folien schreiben.

- Die Möglichkeit, OHP-Folien zu beschriften, ist zweischneidig, denn es ist nicht ganz einfach, Folien spontan sauber zu beschreiben. Das erfordert eine Menge Übung, denn eine unleserlich, gekritzelte, unsaubere Eintragung auf einer Folie hat genau dieselben negativen Wirkungen wie ein geschmiertes Tafelbild. Man sollte von dieser Möglichkeit als Lehrer erst dann Gebrauch machen, wenn man das Geschäft des Folien-Beschreibens wirklich beherrscht.

- Das ist auch wichtig, weil der Lehrer mit seinem Beispiel ja als Vorbild Zeichen setzt. Wenn also Schüler Arbeitsergebnisse in der Gruppen- oder Partnerarbeit auf Folie schreiben, macht auch dies nur Sinn, wenn es übersichtlich und sauber geschieht. Um das zu lernen und zu können, brauchen die Schüler ein gutes Lehrer-Vorbild!

- Um Folien sinnvoll zu nutzen, sollte in der Regel nicht die vollständige Folie gezeigt, sondern ihr Inhalt (zumeist die einzelnen Stichwort-Überschriften) sukzessive aufgedeckt werden. Auf diese Weise erzielt man einen ähnlichen Effekt wie beim Einblenden des nächsten Spiegelpunktes auf Mausklick in einer PowerPoint-Präsentation. Der Vorteil dieser Technik besteht darin, dass Schrift und Bilder eins zu eins die Worte des Vortragenden unterstützen und die Zuhörer nicht unnötig abgelenkt werden, indem sie bereits die nächsten Gedanken „vor-lesen" und sich möglicherweise damit mehr beschäftigen als mit den Worten des Vortragenden.

Kapitel 6 · Umgang mit alten und neuen Medien

- OHP-Folien eignen sich hervorragend, um Arbeitsaufträge zur Bearbeitung von Arbeitsblättern zu erteilen: An einem auf Folie kopierten Arbeitsblatt kann der Lehrer einfach und überzeugend beispielhaft die Bearbeitung eines Arbeitsblattes zeigen und erklären.

Arbeitsblätter

Prinzipiell werden im Unterricht folgende Formen von Arbeitsblättern verwendet:

1. *Info-Arbeitsblätter* mit vertiefenden Sachinformationen zu einem Unterrichtsthema oder einer Zusammenfassung der im Unterricht bereits erarbeiteten bzw. behandelten Informationen. Diese Form der Arbeitsblätter ist auch Bestandteil selbstständiger Lern- und Arbeitsformen, z. B. Stationslernen.

2. *Aufgaben-Arbeitsblätter* zur selbstständigen Bearbeitung von Wiederholungs-, Übungs-, Verständnisüberprüfungs- oder Anwendungsaufgaben. Mischformen von Info- und Aufgabenarbeitsblättern sind häufig zu finden.

3. *Klassenarbeiten, Klausuren und Tests.*
Damit Arbeitsblätter eine positive Wirkung auf das Lernen der Schüler und die Arbeit im Unterricht haben, müssen sie eine Reihe inhaltlicher und gestalterischer Kriterien erfüllen.

Tipps für die Gestaltung von Arbeitsblättern

Arbeitsblätter müssen selbst erklärend sein, das heißt: Informationen und Aufträge müssen einfach, klar und verständlich formuliert sein. Arbeitsaufträge müssen knapp und auf wenige Worte und Sätze reduziert sein. Ausführliche kleinschrittige Erklärungen und Anweisungen sind kontraproduktiv. Das ändert nichts an der Tatsache, dass Schüler, die es nicht gewohnt sind, genau zu lesen (vielleicht weil sie immer alles noch einmal erklärt bekommen …) trotzdem nachfragen werden.

Für den Fall, dass der Lehrer ein wirklich gutes, selbst erklärendes Arbeitsblatt gestaltet hat, sollte er dann die Antwort konsequent verweigern und dadurch seine Schüler erziehen, selbst zu lesen, den eigenen Kopf anzustrengen und höchstens noch einen Mitschüler zu fragen. Dieses konsequente bewusste Verweigern der Antwort ist außerordentlich wirksam. In den meisten Fällen führt es dazu, dass die Schüler bereits nach wenigen Wochen tatsächlich keine Nachfragen mehr zu den Arbeitsblättern haben.

Ein Punkt, der wesentlich dazu beiträgt, die Verständlichkeit von Arbeitsblättern zu erhöhen und das Nachfragen von Schülern zu reduzieren, besteht darin, grundsätzlich mit einem Beispiel zu zeigen, wie die Aufgabe zu bearbeiten ist.

Arbeitsblätter müssen ansprechend und lese- und ggf. schreibfreundlich layoutet sein.

Die wesentlichen Layouttipps für Tafelanschriebe und Foliengestaltung gelten gleichermaßen für die Gestaltung von Arbeitsblättern:

- Klare, eindeutige Überschriften
- Knapper Text für Aufträge und Aufgaben (Längere Infotexte sind okay)
- Übersichtliche Gliederung mit Absätzen und Spiegelstrichen, u.U. Tabellen
- Bilder und Abbildungen
- Ausreichend Platz für Schülereinträge

Einheitliche Layoutstruktur („corporate design")
Arbeitsblätter mit einer einheitlichen, sich wiederholenden Layoutstruktur haben einen hohen Wiedererkennungscharakter und wirken professionell, sie werden dadurch tendenziell eher weiter verwendet (z.B. abgeheftet). Für den Lehrer bieten sie den Vorteil, seine Vorbereitungszeit durch die Verwendung solcher „Schablonen" („Dokumentvorlagen" in Word) zu reduzieren. Eine einheitliche, wiederkehrende Struktur von Arbeitsblättern erleichtert die Arbeit im Unterricht, weil

Kapitel 6 · Umgang mit alten und neuen Medien

die Schüler mit dem „Strickmuster" der Arbeitsblätter eines bestimmten Lehrers vertraut sind und dementsprechend weniger Nachfragen haben.

Es lohnt sich deshalb, sich für unterschiedliche Funktionen von Arbeitsblättern Vorlagen anzulegen und lieber einmal ein bisschen mehr Arbeit zu investieren, die man später dann deutlich einspart.

Und schließlich ...
Bitte auf saubere, gut lesbare Kopien achten! Jedes lieblos „hingehauene" und schlecht kopierte Arbeitsblatt ist eine klare Botschaft an die Schüler: Es ist nicht wirklich wichtig, was ich euch da gebe. Warum also sollten sich die Schüler dann noch Mühe geben?

Auf den folgenden Seiten sind zwei typische Info- und Aufgaben-Arbeitsblätter abgebildet, die übersichtlich und verständlich gestaltet sind.

Kapitel 6 · **U**mgang mit alten und neuen Medien

Name:	Klasse:	Datum:

Die Gebrüder Grimm

Die Brüder Grimm, Jacob (*4. Januar 1785 in Hanau, † 20. September 1863 in Berlin) und Wilhelm (*24. Februar 1786 in Hanau, † 16. Dezember 1859 in Berlin), sind als Sprachwissenschaftler und Sammler von Märchen („Grimms Märchen") bekannt [...]

(*Im Original steht hier ein längerer Info-Text, der jedoch aus Platzgründen gekürzt wurde.*)

Aufgaben:

1. Lies den kurzen Infotext sorgfältig durch und markiere die deiner Meinung nach wichtigsten Aussagen mit Textmarker.

2. Arbeite mit einem Partner: Informiert euch gegenseitig über die eurer Meinung nach wichtigsten Textaussagen.

3. Haltet die eurer Meinung nach wichtigsten Informationen als Notizen in eurem Heft fest.

4. Notiert im Heft gemeinsam mindestens zwei eurer Meinung nach wichtige Fragen, auf die der Text keine Auskunft gibt.

Kapitel 6 · Umgang mit alten und neuen Medien

Name: _____ Klasse: _____ Datum: _____

Rotkäppchen
Notiere Stichwörter zu:

Rotkäppchen:
Beispiel: Kuchen und Wein für Großmutter

_____

_____

Die Großmutter:

_____

_____

Der Wolf:

_____

_____

Notiere, was Rotkäppchen sagt:

_____

_____

_____

Stellwände und Moderationskarten

Stell- bzw. Pinnwände im Klassenraum werden benötigt, um Poster und Arbeitsergebnisse zu präsentieren. Die Arbeit damit erfordert kein besonderes Know-how, außer, dass der Lehrer genau wissen muss, wo er jederzeit genügend Pinnnadeln (Pins) zum Befestigen der Objekte zur Verfügung hat. Diese sollten nur in sehr begrenzter Zahl auf Vorrat in der Pinnwand stecken bleiben, weil sie natürlich von Schülern auch missbraucht werden können. Es empfiehlt sich deshalb, ein Döschen Pins im Lehrerpult vorrätig zu halten.

Pinnwände eignen sich hervorragend für die Arbeit mit Karten nach der „Moderationsmethode", einem halbschriftlichen Verfahren zur Moderation von Unterrichtsgesprächen, Konferenzen oder Elternabenden. Sie dient vor allem dazu, durch die Visualisierung von Fragestellungen, Arbeitsaufträgen und Teilnehmerbeiträgen Verbindlichkeit, Struktur und Klarheit herzustellen. Die Methode ist hervorragend geeignet, um schwierige Planungs-, Ideenfindungs- oder Klärungsprozesse erfolgreich zu gestalten, die ohne diese Form der professionellen Visualisierung nur zu häufig entgleiten, zerfasern oder unverbindlich bleiben. Mit ihrer Hilfe können auch Konflikte konstruktiv, zielorientiert und effizient bearbeitet werden.

Tipps

- Die Arbeit mit Moderationskarten erfordert auf Seiten des Moderators besondere Schreibkompetenzen. Die Moderationskarten mithilfe der speziellen Filzstifte leserlich zu beschreiben und die Stifte dabei richtig zu halten, muss intensiv geübt werden.

- Viele der Tipps im Abschnitt zur Tafelarbeit die Übersichtlichkeit und Klarheit betreffend gelten ebenso für die Arbeit mit Moderationskarten an Pinnwänden.

- Von zentraler Bedeutung ist die eindeutige und unmissverständliche Formulierung des Themas, zu dem sich die Teilnehmer (Schüler, Eltern, Kollegen) äußern sollen, bzw. des Arbeitsauftrags.

Kapitel 6 · Umgang mit alten und neuen Medien

- Thema bzw. Arbeitsauftrag werden auf einem breiten Kartenstreifen am oberen Ende der Pinnwand befestigt oder auf eine Gedankenwolke geschrieben. Letzteres eignet sich vor allem für kreative Themen oder Aufträge.

- Die Teilnehmer formulieren ihre Gedanken zum Thema bzw. Auftrag in der Regel zunächst allein auf Karten. Wichtig ist, dass auch die Teilnehmer dabei bestimmte Regeln einhalten, z. B.:

- Nur ein Gedanke pro Karte
- Nur Stichworte, keine Fließtexte (mehr passt auch gar nicht auf die etwa 10 x 25 cm großen Karten)
- Lesbare Schrift
- Nur (die speziellen) Filzstifte (alle anderen Stifte können bereits aus kurzer Entfernung nicht mehr gelesen werden)

- Die Karten werden eingesammelt und vom Moderator (Lehrer) und einem Helfer an der Pinnwand befestigt und dabei gleichzeitig thematisch sortiert. Während dieser Aktion kann der Moderator Nachfragen zur Bedeutung einzelner Karten stellen und den jeweiligen Autor einer Karte bitten, dabei behilflich zu sein, diese richtig einzusortieren.

- Je nach gestelltem Thema oder Arbeitsauftrag ergibt sich so das Bild (im wahrsten Sinne des Wortes!) der Meinungs-, Gedanken- oder Arbeitsvielfalt einer u.U. auch größeren Gruppe, wie z. B. einer Klasse.

- Inhaltlich zusammen gehörige Beiträge können zusätzlich geclustert werden (wenn die Pinnwand zuvor mit einem großen Bogen Packpapier bespannt wurde), indem der Moderator diese Karten in einem Kreis zusammenfasst.

- In einem weiteren Schritt können die Teilnehmer über das weitere Vorgehen, über die nächsten Schritte und Arbeitsschwerpunkte abstimmen, indem jeder einen oder mehrere Klebepunkte erhält und diese bei den von ihm favorisierten Schwerpunkten anklebt.

- Hieraus entstehen neue Themen bzw. Arbeitsaufträge für weitere in dieser Form moderierte „Runden".

- Am Schluss des Moderationsprozesses stehen in der Regel To-Do-Listen: Wer erledigt was bis wann?

Neue Medien: Computer und Internet

Ein einigermaßen sicherer Umgang mit Computer und Internet sollte heute eigentlich für jeden Lehrer selbstverständlich sein, vor allem weil das Lehrerleben dadurch ungeheuer erleichtert und der Unterricht bereichert werden kann. Es ist noch nicht viele Jahre her, als ich beispielsweise die Texte aktueller Popsongs, die ich mit meinen Schülern im Englischunterricht besprechen und singen wollte, mühsam von der Schallplatte abgehört (nicht immer erfolgreich) und dann selbst getippt habe. Das Kaufen der Schallplatte, das Abhören und Tippen des Textes für einen einzigen Songtext kostete viele, viele Stunden. Eine Arbeit, die heute mithilfe der Suchmaschine „Google", dem richtigen „Such-Know-how", sowie der „Kopieren und Einfügen"-Funktion des Computers zumeist in etwa einer Minute erledigt ist!

Oder: Wie mühsam und zeitaufwändig war es „früher", für den Unterricht geeignete Bilder und Texte zu finden. Natürlich kann es auch mithilfe des Internets noch eine Zeitlang dauern, bis man etwas Geeignetes gefunden hat, aber man bedenke nur, wie aufwändig es ohne Internet wäre, beispielsweise ein Bild der Gebrüder Grimm zu organisieren – und was gleichzeitig ein weitgehend „bildfreier" Unterricht für die Effizienz des Lernens bedeutet!

Andererseits sind Computer und alles, was damit zusammenhängt, für viele Lehrer auch heute noch weitgehend ein „Buch mit sieben Siegeln". Und eine nicht geringe Zahl von Lehrern verfügt gerade einmal über einfachste Grundkenntnisse, sie verwenden ihren Computer zu nicht viel mehr als früher eine Schreibmaschine.

Kapitel 6 · Umgang mit alten und neuen Medien

Dabei lohnt es sich wirklich, ein wenig mehr hinter die Kulissen von Computer und Internet zu schauen und die riesige, gerade auch für Lehrer hochgradig nützliche Funktionalität dieser „neuen" Medien zu entdecken! Das erfordert dann allerdings eine intensive und oftmals zeitaufwändige Beschäftigung mit dem Medium, erfordert Neugier, die Bereitschaft, z. T. ganz neu zu lernen und eine Menge Frustrationstoleranz. Denn es gehört bei der „Computerei" – und erst recht beim Lernen des richtigen Umgangs mit Computern – einfach dazu, dass manches nicht auf Anhieb klappt. Dazu unterscheiden sich einfach die eigene „Denke" und die des Computers anfangs zu sehr voneinander. Aber es lohnt sich durchzuhalten! Denn mit der Zeit versteht man immer besser, auch intuitiv mit dem Computer und verschiedenen Programmen umzugehen.

Angesichts des riesigen Umfangs des Themas besteht hier nur die Möglichkeit, einige ausgewählte Tipps zu geben, die das Lehrerleben mit dem Computer einfacher machen.

Software

Neben der Büro-Standardsoftware (zumeist Microsoft Office) gibt es eine Reihe hilfreicher, zumeist sogar kostenloser Programme, die auf keinem Lehrer-Computer fehlen sollten:

- Wer die Kosten für Microsoft Office sparen will (gerade auch in der Schule!), ist mit der kostenlosen Alternative OpenOffice bestens bedient. Das Programm bietet praktisch den gleichen Funktionsumfang wie Microsoft Office (Word, PowerPoint, Excel ...), verfügt über einen ähnlichen „Look" und ist ähnlich einfach zu bedienen *(http://de.openoffice.org)*.

- Absolut unerlässlich ist ein Virenscanner, der regelmäßig (d. h. mindestens einmal pro Woche!) per Internetupdate auf den neuesten Stand gebracht wird. Sehr empfehlenswert und kostenlos: „AntiVir Personal" *(www.free-av.de)*.

- „Copernic Desktop Search" – die geniale Desktopsuche für den Computer: Findet in Sekundenbruchteilen auf Stichwort wirklich alles auf dem Computer wieder. Nicht nur für „Messies". Auch wer auf seinem Computer penibel Ordnung hält, mit diversen Ordnern und Unterordnern, befindet sich immer wieder in der Situation: „Wo ist bloß die Mail mit der neuen Telefonnummer von Susanne?". Bloß „Telefonnummer Susanne" eintippen – und schon wird die passende Mail angezeigt. Die Volltext-Turbo-Suche funktioniert mit allen Office- und PDF-Dokumenten, Bildern, Mails ... Die beste aller Desktopsuchen, viel besser als Google Desktop Search. Ein absolutes Muss für jeden Lehrercomputer *(www.copernic.com)!*

- Auf wohl fast jedem Computer ist der „Adobe Reader" installiert. Dieses kostenlose Programm ist erforderlich, um die sehr häufig verwendeten (und sehr praktischen) PDF-Dateien lesen zu können. Wie aber kann man selbst diese praktischen PDF-Dateien erstellen? Sie können Word-Dokumente mit mehreren Grafiken auf einen Bruchteil der ursprünglichen Dateigröße schrumpfen lassen. Hier empfiehlt sich die kostenlose Freeware „PDFCreator" (Suche über Google).

Den Desktop organisieren

- Die wichtigsten Links, Programme, Ordner zum schnellen Anklicken auf den Desktop (das Erscheinungsbild des Windows-Monitors) und in die Taskleiste (die kleine Leiste am unteren Bildschirmrand):

- Für die etwa 20 allerwichtigsten und am häufigsten benutzten Links sollte man in den „Favoriten" einen neuen Ordner „InfoLinks" anlegen (im Ordner „Favoriten" rechte Maustaste → „Neu" → „Ordner". In diesen Ordner werden die „Top-20-Links" kopiert (mit der Maus per „Drag & Drop" reingezogen). Anschließend wird dieser „InfoLinks"-Ordner auf den Desktop „geschickt" („rechte Maustaste: „Senden an" → „Desktop (Verknüpfung erstellen)".

- Auf dem Desktop hat der Ordner dann den komplizierten Namen „Verknüpfung mit InfoLinks". Durch Rechtsklick auf den Ordner und Klick

Kapitel 6 · Umgang mit alten und neuen Medien

auf „Umbenennen" kann ich das störende „Verknüpfung mit" einfach löschen. Nun heißt der Ordner mit meinen wichtigsten Links also wieder „InfoLinks". Zum Zeichen, dass dies nicht der eigentliche Speicherort, sondern nur eine „Verknüpfung" zum tatsächlichen Speicherort ist, erscheint links unten am Ordnersymbol ein kleiner Pfeil.

- Um den schnellen Überblick zu behalten, sollte der Desktop nicht mit zu vielen Ordnern und Symbolen zugemüllt werden. In der Regel sollte man nicht mehr als 10 bis höchstens 15 „ständige Begleiter" auf dem Desktop liegen haben, denn der Desktop kann – zum Beispiel in der rechten Hälfte – sehr gut als „Parkplatz" für aktuell in Arbeit befindliche Dateien oder als temporäre Zwischenablage genutzt werden. Für die Orientierung auf dem Desktop kann es deshalb hilfreich sein, bestimmten Ordnern (z. B. unseren „InfoLinks"-Ordner) ein anderes, eindeutiges Symbol zuzuordnen. Das geht so: Rechtsklick → „Eigenschaften" → „Anpassen" → „Anderes Symbol".

- Die am allerhäufigsten verwendeten Ordner und Programme (z. B. „Word", den „InfoLinks"-Ordner etc.) sollte man sich schließlich zusätzlich auf die „Taskleiste" am unteren Ende des Desktops legen, indem man die entsprechende Symbole („Icons") per „Drag & Drop" einfach auf die Taskleiste zieht. Auf diese Weise hat man aus jeder beliebigen Anwendung (Programm) heraus immer direkten Zugang auf seine wichtigsten Ordner, Programme und Links, ohne erst mühsam über den Desktop, wohlmöglich Explorer oder „Eigene Dateien" gehen zu müssen. Selbstverständlich kann man auch den gesamten Ordner „Eigene Dateien" für den schnellen Zugang auf die Taskleiste ziehen.

Einfache Bildbearbeitung

Für den Lehreralltag ist Basis-Know-how in Sachen Bildbearbeitung absolut unerlässlich. Aber auch für diese wichtige Aufgabe gibt es inzwischen Software, die sich sehr einfach und schnell bedienen lässt und hervorragende Ergebnisse liefert.

Kapitel 6 · Umgang mit alten und neuen Medien

- Um eigene Bilder von der Digitalkamera auf den Computer zu übertragen und die wichtigste Nachbearbeitung sehr schnell und einfach zu erledigen (z. B. Bilder beschneiden, Helligkeit und Kontrast ändern), empfiehlt sich das kostenlose Google Picasa (Download bei Google suchen) oder das ebenfalls kostenlose Programm IrfanView *(www.irfanview.de)*.

- Hat man seine Bilder glücklich auf den Computer übertragen und nachbearbeitet, wird leicht übersehen, dass ein mit einer Digitalkamera aufgenommenes Bild schnell recht große Datenmengen umfasst. Ein einzelnes Bild kann leicht ein bis zwei Megabyte groß sein. Derart „große" Bilder sind nicht geeignet, um sie in Office-Dokumente einzufügen oder per E-Mail zu verschicken. Die Dateigröße hat dabei keine Auswirkungen auf die sichtbare Größe am Computerbildschirm. Deshalb sollte man Bilder, die man nur am Computer betrachtet, immer verkleinern, also ihre Datenmenge reduzieren. Das funktioniert besonders einfach mit dem kostenlosen Programm „Image Resizer" (Bestandteil des kostenlosen Programmpakets „Microsoft Powertoys for Windows XP" (Download unter diesem Stichwort bei Google suchen). Das Programm integriert sich einfach in die rechte Maustaste, Sie brauchen nach Installation des Programms nur noch mit rechts auf eine oder mehrere Bilddateien zu klicken und „Resize Pictures" anzuklicken, und die Endgröße auszuwählen. Der Rest geht automatisch: Ein Klick! Auf diese Weise entsteht ein großes, den kompletten Bildschirm füllendes Bild, das eine Dateigröße von ca. 100 Kilobyte hat. Dasselbe Bild hatte vor der Bearbeitung mit dem „Image Resizer" aber ein bis zwei MB! Derart große Bilddateien sind nur erforderlich, wenn die Bilder in relativ großen Formaten (z. B. 18 x 24 cm) ausgedruckt werden sollen. Trotz der beachtlichen Reduktion der Dateigröße leidet die Bildqualität am Bildschirm nicht.

- Die meisten Lehrer gestalten Arbeitsblätter und Folien mit Word. Wie kann man Bilder in ein Word-Dokument einbinden und beliebig platzieren? Das Einfügen von Bildern geschieht in allen Office-Dokumenten (also auch in PowerPoint) über „Einfügen" → „Grafik" und dann zumeist „Aus Datei". Hier sollte man unbedingt darauf achten, zuvor die Dateigröße, wie oben beschrieben, zu reduzieren. Andernfalls entstehen, gerade wenn man mit mehreren Bildern arbeitet, schnell Word-Dokumente, die mehrere Megabyte groß sind und die sich zunehmend schlecht bearbeiten und nicht mehr verschicken lassen.

Um mit Bildern in einem Word-Dokument vernünftig arbeiten zu können, sollte man das Bild markieren (anklicken) und durch Rechtsklick in die obere Symbolleiste die Funktion „Grafik" aktivieren (alternativ: „Ansicht" → „Symbolleisten" → „Grafik"). Durch Klick auf das Hundesymbol („Textfluss") und anschließend (zum Beispiel) auf „passend" kann man das Bild nun an jede beliebige Stelle des Word-Dokuments ziehen. Mithilfe der „Anfasser" an den vier Ecken kann man das Erscheinungsbild verkleinern oder vergrößern (was allerdings keinen Einfluss auf die Dateigröße hat!) oder einen Teil des Bildes abschneiden.

Präsentationsprogramme

Die Arbeit mit PowerPoint (bzw. vergleichbaren Präsentationsprogrammen) bietet eine Reihe von Vorteilen:

Das Programm zwingt den Benutzer durch seine Vorgaben, übersichtliche, klare Folien zu produzieren, auf denen unter knappen, fokussierenden Überschriften ausschließlich die wesentlichen Stichworte zur jeweiligen Überschrift eingetragen werden sowie ggf. einzelne Abbildungen. Eine mit diesen Programmen erstellte, gut gemachte Präsentation unterstützt optimal die Aufmerksamkeit der Zuhörer einer Präsentation.

Gleichzeitig ist die Arbeit mit PowerPoint & Co. gefährlich, weil die Programme eine Fülle von optischen und akustischen Effekten beinhalten, die die Gefahr bergen, dass der Aufmerksamkeitsfokus des Zuhörers weniger auf den Inhalten der Präsentation, sondern mehr auf dem methodischen „Schnickschnack" liegt. Diese Gefahr besteht besonders, wenn es sich bei den Zuhörern um Schüler handelt.

Erwachsene Zuhörer reagieren hingegen instinktiv aversiv, wenn sie den Eindruck haben, dass der „dünne" Inhalt einer Präsentation durch technische Spielereien „aufgepeppt" werden soll.

Durch den sparsamen Umgang mit den PowerPoint-Effekten kann man sehr wirksame und überzeugende Präsentationen gestalten, die die Zuhörer wirklich erreichen. Das sind zumeist Präsentationen, bei denen der Zuhörer gar nicht mehr merkt, dass es sich eigentlich um eine PowerPoint-Präsentation handelt, die gleichzeitig aber sowohl für den Vortragenden wie für die Zuhörer eine Reihe von Vorteilen gegenüber einer Folienpräsentation am OHP bietet.

Tipps für PowerPoint & Co.

- Schreiben (oder kopieren) Sie Ihren (äußerst sparsamen!) Text in die leere Vorlage, die sich nach dem Start von PowerPoint öffnet.

- Ändern Sie die Voreinstellungen bezüglich der Schriftgröße möglichst nicht und beginnen Sie eine neue Folie, wenn der vorgegebene Schreibrahmen einer Folie ausgenutzt wurde.

- Achten Sie darauf, dass die Schriftgröße für Überschriften i.d.R. nicht kleiner als Punkt 44 und im Text i.d.R. nicht kleiner als Punkt 32 ist. Dann ist gewährleistet, dass die einzelnen Folien nicht mit Text überfrachtet und wirklich lesbar sind.

- Fügen Sie eine neue Folie durch Klick auf „neue Folie" hinzu und entscheiden Sie sich für eines der angebotenen Text- oder Inhaltslayouts.

Kapitel 6 · Umgang mit alten und neuen Medien

- Beim Vorbereiten der einzelnen Folien tun Sie einfach genau das, wozu das Programm Sie auffordert (z. B.: „Text durch Klicken hinzufügen" oder „Inhalt durch Symbol klicken hinzufügen").

- Wenn alle Folien fertig sind, werden links in der Ansicht „normal/Folien" Miniaturansichten Ihrer Folien aufgelistet. Markieren Sie alle Folien (Strg + Mausklick) bis auf die Titelfolie.

- Wählen Sie im Aufgabenbereich „Foliendesign – Animationsschemas" (oder in der oberen Navigationsleiste „Bildschirmpräsentation – Animationsschemas") und klicken Sie „Erscheinen". Durch diese Einstellung ist gewährleistet, dass jede neue Folie und auf jeder Folie jeder Spiegelpunkt durch Mausklick schlicht „erscheint". Ohne fliegende Wörter und Gezische und Gequietsche. Einfach so, als hätten Sie auf einer OHP-Folie einen neuen Punkt aufgedeckt oder auf einem OHP ganz elegant eine neue Folie aufgelegt, und zwar ganz ohne jedes „Oh, Entschuldigung, das war wohl falsch rum ... ".

- Wenn Sie mit Ihrer Präsentation überzeugen wollen, reichen diese schlichten Einstellungen eigentlich immer aus! Ein Finetuning hinsichtlich der Reihenfolge des Erscheinens einzelner Spiegelpunkte oder Objekte auf einzelnen Folien kann man, falls erforderlich, im Aufgabenbereich (bzw. in der Navigationsleiste in „Bildschirmpräsentation") über „benutzerdefinierte Animation" vornehmen.

- Ganz zum Schluss entscheiden Sie im Aufgabenbereich dann über Ihr „Foliendesign". Auch hier sollte man größte Vorsicht walten lassen und sich nicht von den „schicken" Vorlagen dazu verführen lassen, die Zuhörer wieder vom Inhalt abzulenken. Entweder belässt man seine Präsentation also ganz schlicht in schwarzer Schrift auf weißem Grund oder man wählt ein dezentes, keineswegs bombastisches oder verspieltes Foliendesign.

Kapitel 6 · Umgang mit alten und neuen Medien

Präsentationen bzw. Infos, die direkt vom Notebook über einen Beamer präsentiert werden, bieten den unschätzbaren Vorteil, dass sie sich perfekt zu Hause vorbereiten lassen und dass sich der Vortragende, also zumeist der Lehrer, völlig auf den Inhalt seines Vortrags und auf seine Zuhörer konzentrieren kann, mit diesen also z. B. Blickkontakt halten oder auf spontane Zwischenfragen reagieren kann. Der Präsentierende muss nur noch die Maus klicken, wenn der nächste Punkt oder die nächste Folie aufgerufen werden soll. Besonders überzeugend sind „unsichtbare" Mausklicks, die man im Stehen ohne sichtbaren Kontakt zum Notebook oder zu einer Maus durch Klicks auf eine drahtlose Funkmaus, die man „unsichtbar" in der Hand hält.

Eine gut vorbereitete und souverän vorgeführte PowerPoint-Präsentation hat außerdem den Vorteil, dass sie für die Zuhörer motivierend und professionell wirkt, was die Aufmerksamkeit und das Interesse der Zuhörer weiter erhöht – vorausgesetzt natürlich, der Inhalt „stimmt"! Einen „dünnen" Inhalt kann auch die beste PowerPoint-Präsentation nicht retten!

Kapitel 6 · Umgang mit alten und neuen Medien

Selbst-Check:
Umgang mit alten und neuen Medien

	Das ist sehr wichtig.	Darin bin ich gut.	Darin will ich besser werden.	Das konkret werde ich tun.
Tafelarbeit				
immer ein Stück Reservekreide				
Tafel vor der Stunde gut gewischt				
Tafeldienst				
zu Hause vorbereiter Tafelanschrieb / Tafelbild				
Material zum Ankleben von Karten / Bildern				
Folien				
übersichtliche Folien ohne Schnickschnack mit PowerPoint erstellen				
Präsentationen mit Notebook und Beamer vorführen				
übersichtliche, informative OHP-Folien erstellen				

Kapitel 6 · Umgang mit alten und neuen Medien

Selbst-Check: Umgang mit alten und neuen Medien

	Das ist sehr wichtig.	Darin bin ich gut.	Darin will ich besser werden.	Das konkret werde ich tun.
Folien sicher am OHP präsentieren				
Folien sauber beschreiben				
Arbeitsblätter				
Aufgaben und Inhalt selbsterklärend				
ansprechendes übersichtliches Layout				
„Corporate design"				
Computer und Internet				
fit in Word				
fit in Excel				

Kapitel 6 · Umgang mit alten und neuen Medien

Selbst-Check:
Umgang mit alten und neuen Medien

	Das ist sehr wichtig.	Darin bin ich gut.	Darin will ich besser werden.	Das konkret werde ich tun.
fit in PowerPoint				
schnelles erfolgreiches Suchen und Finden auf dem eigenen Computer und im www				
gut organisierter Desktop				
Bilddateien „schrumpfen"				
Bilder bearbeiten und beliebig platzieren				
Stellwände und Moderationskarten				
Stellwände professionell „bestückt"				
Moderationsmethode				

Kapitel 7 · Schwierige Gespräche

Problem: Schwierige Gespräche

Ich tue mich schwer damit, schwierige Gespräche mit Eltern, Schülern und besonders mit Kollegen zu führen. Wie kann ich diese Gespräche so führen, dass sie konstruktiv verlaufen, verbindliche Ergebnisse haben und dass sie vor allem wirklich etwas nützen?

Jeder hat täglich mit den verschiedensten Menschen in den unterschiedlichsten Situationen „Gespräche". Gespräche zu führen ist im täglichen Leben so normal wie Essen, Trinken und Zähne putzen. Und obwohl jeder aus leidvollen Erfahrungen im Privat- wie im Berufsleben weiß, wie schwer es sein kann, „gute" Gespräche zu führen, fällt es doch vielen Menschen, auch Lehrern, schwer zu akzeptieren, dass es viele Gesprächssituationen gibt, die professionelles Know-how in Sachen Gesprächsführung erfordern, damit die Gespräche nicht unfruchtbar verlaufen und statt zu Streit und Frustrationen zu konstruktiven Ergebnissen führen.

Gleichzeitig setzen sich in Bereichen, in denen es um die Klärung von Konflikten geht, Methoden professioneller Gesprächsführung immer stärker durch. Das Zauberwort heißt „Mediation". In einigen Schulen werden Schüler zu „Streitschlichtern" ausgebildet.

Wer bisher der Auffassung war, dass sich gute Gespräche, auch solche, in denen es um die Klärung von Konflikten geht, eher spontan, aus dem Bauch heraus entwickeln und dass es wichtig sei, in Konfliktgesprächen auch Dampf ablassen zu können und ungefiltert Gefühle zu zeigen, der wird sich mit dem Handwerkszeug professioneller Gesprächsführung schwertun. Er wird jedoch auch nur selten, wenn überhaupt, Konflikte in Gesprächen konstruktiv klären können. Wer hingegen bereit ist, sich darauf einzulassen, dass Konfliktgespräche professionelle Verfahren erfordern, weil sie „Arbeit" sind und eben kein „Gespräch", kein Diskurs über unterschiedliche Meinungen. Und wer bereit ist, solche Verfahren selbstreflektiert zu lernen und zu üben, der wird davon nicht nur im Beruf, sondern auch im Privatleben profitieren, zum Beispiel, wenn es darum geht, Konflikte mit dem Partner oder den eigenen Kindern zu klären.

Kapitel 7 · Schwierige Gespräche

Wenn Lehrer schwierige Gespräche mit Eltern, Schülern und eventuell auch mit Kollegen bewusst und spürbar professionell gestalten, setzen sie damit in der Gesprächssituation auch ein klares Rollensignal: Sie sind es, die den Prozess steuern. Und das ist ein wichtiges Signal, auch wenn das Gespräch im Prinzip „auf Augenhöhe" geführt wird.

Warum ist es so schwer, schwierige Gespräche erfolgreich zu führen?

Das Hauptproblem aller Gesprächssituationen besteht darin, dass das, was von jemandem gesagt wird, immer mehr enthält als den reinen Sachinhalt. Wenn beispielsweise ein Mann, der abends spät von der Arbeit nach Hause kommt, im Gespräch über das, was am Tag passiert ist, zu seiner Frau einfach nur sagt, „Ich bin müde", stecken in dieser schlichten Sachaussage möglicherweise viele andere „Nebenbotschaften", die zu sagen er sich nicht traut oder, die er nicht äußert, um seine Frau nicht zu verletzen. „Ich bin müde" kann vielleicht auch heißen, „Ich möchte jetzt nicht hören, was du heute erlebt hast" oder „Ich möchte jetzt nur noch fernsehen". Vielleicht soll es aber auch heißen: „Ist dir eigentlich klar, wie hart ich arbeite, um unsere Familie zu ernähren?!" Dem Konfliktpotenzial eines so schlichten Satzes ist nach oben hin keine Grenze gesetzt …

Noch schlimmer wird es dadurch, dass zu einem Gespräch ja immer zwei gehören: Einer, der spricht (der „Sender") und einer, der das Gesprochene hört und damit irgendetwas anfangen soll (der „Empfänger"). So kann es dann sein, dass der besagte Mann aus unserem Beispiel tatsächlich nur seinem Gefühl von Müdigkeit Ausdruck verleihen wollte – absolut ohne jeden „Hintergedanken". Seine Frau aber kann die Bemerkung ganz unterschiedlich interpretieren: Was will mein Mann mir wirklich sagen? Ihr Reaktionsspektrum kann zum Beispiel reichen von „Du Armer hast wieder einen richtig harten Tag gehabt, was?!" über „Keine Angst, ich habe keine Absichten …" bis hin zu „Was soll ich denn erst sagen?! Du hast ja keine Ahnung, was hier den ganzen Tag los ist!". Die letzte Äußerung könnte bereits Sprengstoff für einen handfesten Ehekrach liefern. Und das am späten Abend …

Kapitel 7 · Schwierige Gespräche

Kommunikationsprofis (insbesondere: Friedemann Schulz von Thun: Miteinander reden, Band 1–3) wissen, was hier passiert und sind – wenn es denn gelingt, einen einigermaßen kühlen Kopf zu behalten – eher in der Lage, einen Kommunikationsprozess zu steuern, der aus dem Ruder zu laufen droht. Sie wissen um die vier Aspekte einer Nachricht:

- Die Sache
- Die Beziehung
- Die Selbstoffenbarung
- Der Appell

Diese vier Aspekte sind in jeder Kommunikation sowohl auf Seiten des Sprechers („Sender") als auch auf Seiten des „Empfängers" im Spiel. Schulz von Thun spricht deshalb vom „Sach-, Beziehungs-, Selbstoffenbarungs- und Appellohr" auf Seiten des Empfängers und von den entsprechenden „Schnäbeln" auf Seiten des Senders.

Kommunikationsstörungen treten in der Regel auf der Empfängerseite auf. Das liegt daran, dass der Empfänger immer die Steuerungsmöglichkeit hat, sich zu vergewissern, ob er wirklich mit dem richtigen „Ohr" gehört hat. Wenn er dies aber nicht tut, sondern das, was er gehört zu haben glaubt, was er also interpretiert, für bare Münze nimmt, entstehen Konflikte.

Wenn die Frau aus dem Beispiel die „Müdigkeit" ihres Mannes zum Anlass nimmt, über ihre eigene Müdigkeit sprechen zu wollen, dann hat sie mit einem besonders „scharfen" Beziehungsohr gehört, indem sie den Eindruck hatte, ihr Mann wolle seine Leistungen in der Arbeit über ihre Leistungen in der Familie stellen.

Von besonderer Bedeutung ist das Wissen um die vier Aspekte einer Nachricht im beruflichen Kontext, wenn es also um schwierige Gespräche mit Eltern, Schülern oder Kollegen geht. So gibt es beispielsweise im klassischen Gespräch, zu dem ein Lehrer die Eltern in die Schule geladen hat, jede Menge Fallen und Gelegenheiten sich misszuverstehen – nur weil man mit dem „falschen Ohr" gehört hat.

Wie schnell können dann Eltern oder auch Schüler „dichtmachen", wenn sie ausschließlich auf dem Beziehungs- oder Appellohr hörend die Botschaft wahrnehmen, „Ich bin eine schlechte Mutter" bzw. „Ich soll etwas unternehmen – aber ich weiß nicht was – und wieso eigentlich ich?".

Aber auch der Lehrer ist in hohem Maße gefährdet, falsch zu hören: „Was denken die denn von mir? Ich bin ein schlechter Lehrer? Der sich nicht durchsetzen kann? Warum soll ich immer etwas unternehmen? Die Eltern haben doch auch eine erzieherische Verpflichtung!"
Wer in diese „Ohren-Falle" tappt, hat bereits verloren und kann sich nur noch durch seine Amtsautorität durchsetzen. In der Sache, um die es in dem Gespräch eigentlich gehen sollte, wird man so keinen Schritt weiterkommen.

Professionelle Gesprächsführung
Nur mithilfe professioneller Gesprächsführung kann es gelingen, auch schwierige Gespräche konstruktiv, ertragreich, verbindlich und ergebnisorientiert zu führen. Die Kunst professioneller Gesprächsführung für Lehrer, die ja keine eigens ausgebildeten professionellen Berater sind, besteht in erster Linie darin:

- Gespräche in einem professionellen Rahmen zu führen
- sehr aufmerksam zuzuhören
- die eigene Wahrnehmung mit „vier Ohren" bewusst zu steuern.

Gespräche in einem professionellen Rahmen führen
- Nicht jederzeit für alles ansprechbar sein! Keine Problemgespräche zwischen Tür und Angel! Für ein „Arbeitsgespräch" richtig verabreden!
- Bei der Terminvereinbarung die Themen des Gesprächs mitteilen!
- Themen klar definieren und begrenzen! Der Lehrer ist nicht „Lebenshelfer" mit jeder Menge Zeit!

Kapitel 7 · Schwierige Gespräche

- Eine klare Struktur für das Gespräch definieren („Leitfaden") und einhalten!
- Die „rigide" Struktur kann einerseits irritieren, ist aber andererseits entlastend!
- Einen Folgetermin verabreden: Was ist aus Verabredungen geworden?
- Den Gesprächspartner selbst Lösungen finden lassen statt vorschneller Ratschläge!

Aufmerksam zuhören/die eigene Wahrnehmung mit „vier Ohren" bewusst steuern

Der Lehrer ist derjenige, der das Gespräch und den Gesprächsverlauf steuert. Seine Kompetenz, unvoreingenommen und sehr aufmerksam zuzuhören, ist für den Erfolg eines schwierigen Gesprächs von zentraler Bedeutung. Nur wenn es gelingt, sehr genau zuzuhören, fühlt sich der Gesprächspartner ernst genommen. Und das wiederum ist die Voraussetzung dafür, dass er sich auch mit Problemen und kritischen Sichtweisen auseinandersetzen kann, ohne sich verteidigen zu müssen. Wenn dies erreicht wird, kann die Person auch eigene Lösungen produzieren.

Aufmerksam zuhören ist eine hohe Kunst, die nur mit großer Selbstdisziplin und sehr viel Übung zu erlernen ist. Um das Zuhören zu lernen, muss man nämlich mit einer ganzen Reihe von Gewohnheiten brechen, die man in den vielen Jahren seines Lebens erlernt hat und muss eigene Überzeugungen und vermeintlich wahre Glaubenssätze über Bord werfen. Und: Aufmerksames Zuhören ist theoretisch ganz einfach, ja fast banal. Dann kann die Praxis ja wohl nicht so schwer sein, denkt man.

Die Kunst des Zuhörens besteht vor allem darin, dem Gesprächspartner unvoreingenommen zu begegnen und ihn und seine „Denke", sei sie auch noch so ungewohnt oder vermeintlich „falsch", wirklich verstehen zu wollen.

Kapitel 7 · Schwierige Gespräche

Dazu braucht es die Fähigkeit, das eigene Sachohr besonders zu schärfen, sich also auf die Sachaussagen des Anderen zu konzentrieren. Auch ein offenes Ohr für die Selbstoffenbarungsbotschaften des Gegenübers kann hilfreich sein. Ein offenes „Selbstoffenbarungsohr" erfordert aber auf Seiten des Zuhörers sehr viel Training und sollte anfangs sehr vorsichtig eingesetzt werden, weil ein sehr offenes Ohr für tatsächliche oder vermeintliche Selbstoffenbarungsbotschaften leicht zu unangemessenen Interpretationen des Anderen führt, die den „öffnenden" Effekt des unvoreingenommenen Zuhörens und Verstehen-Wollens in sein Gegenteil verkehren kann. Weiterhin kann ein zu offenes „Selbstoffenbarungsohr" einen unangemessenen, für den konstruktiven Verlauf wenig förderlichen „pseudo-psychologischen" Zungenschlag ins Spiel bringen: „Du bist jetzt ganz wütend auf mich!?"

Ausgesprochen hilfreich ist es in schwierigen Gesprächen hingegen, sich auf dem Beziehungs- und Appellohr komplett taub zu stellen. „Sie halten mich für einen schlechten Lehrer? Das habe ich gar nicht gehört! Und kann deshalb auch ganz cool bleiben!"

Die Zauberformel für gelingende Gespräche heißt ganz schlicht: „Habe ich dich/Sie so richtig verstanden: ...?" und anschließend kurz mit eigenen Worten zusammenzufassen, was mein Sachohr gehört hat. Der Andere hat dann Gelegenheit zu bestätigen oder zu korrigieren.

Das klingt unglaublich einfach, ja geradezu banal. Und es ist ungeheuer schwer, weil gerade Lehrer selbst etwas tun wollen. Sie wollen erklären, sie wollen rationalisieren, sie wollen argumentieren und vor allem wollen sie Ratschläge geben. Und sie erreichen ihr Gegenüber doch damit nicht wirklich. Denn was nützt es, wenn eine Mutter, ein Vater oder ein Schüler brav nickt, „Sie haben ja Recht, Herr Lehrer! Genau so werden wir es machen!" – und es ändert sich nichts.

Kapitel 7 · Schwierige Gespräche

Wer in schwierigen Gesprächen wirklich etwas erreichen will, kommt nicht darum herum, sich zurückzuhalten, den Anderen ernst zu nehmen und ihm das zu zeigen, indem man ihm wirklich aufmerksam zuhört. Hier zunächst noch einmal das Wichtigste in Kürze und anschließend zwei Leitfäden für das Führen schwieriger Gespräche, die auf dem dargestellten Konzept beruhen.

Hinderliches Gesprächsverhalten
- Nonverbale Signale, nicht zuzuhören (z. B.: kein Blickkontakt, auf die Uhr gucken, mit den Fingern trommeln ...)
- Den Anderen interpretieren
- Beschwichtigen
- Ratschläge geben
- Rationalisieren
- Argumentieren
- Moralisieren

Förderliches Gesprächsverhalten
- Akzeptieren – auch wenn's schwerfällt
- Aufrichtiges Interesse
- Verstehen wollen

Aufmerksam zuhören
- Ohne sich schon eine Gegenposition zurechtzulegen
- Sich der Wahrnehmung mit „vier Ohren" bewusst sein
- Das Hören mit „vier Ohren" und Sprechen mit „vier Schnäbeln" bewusst steuern
- Statt „Ja, aber ...": Wertungsfreies Resümieren/Spiegeln: „Habe ich dich/Sie richtig verstanden ...?

Kapitel 7 · Schwierige Gespräche

Leitfaden: Schwierige Gespräche führen

a) Der Lehrer hat ein Anliegen
zum Beispiel: Kevin stört häufig den Unterricht/Jennifers Leistungen geben zur Besorgnis Anlass ...

1. Definieren Sie, wie viel **Zeit** für das Gespräch zur Verfügung steht und halten Sie diese ein.

Definieren Sie das **Ziel** des Gesprächs (was soll geklärt werden) und skizzieren Sie den **Ablauf** des Gesprächs. Vergewissern Sie sich, dass der Gesprächspartner mit Ziel und Ablauf des Gesprächs einverstanden ist.

Schildern Sie **kurz und sachlich,** worin Ihrer Auffassung oder Wahrnehmung nach **das Problem** besteht. Beschränken Sie sich auf die Wiedergabe von Beobachtungen. Sprechen Sie mit dem „Sach-" und (sparsam!) dem „Selbstoffenbarungsschnabel".

Gesprächshaltung: Es geht um Klärung und gemeinsame Lösungssuche – nicht um Schuldzuschreibungen.

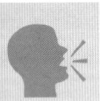

2. Geben Sie Ihrem Gegenüber Zeit zu inhaltlichen Nachfragen:
Kennt er/sie das Problem? Teilt er/sie die Auffassung, dass es sich um ein wichtiges, ernst zu nehmendes Problem handelt?

3. Welche **Gedanken und Lösungsideen zu dem Problem** hat Ihr Gegenüber?
Signalisieren Sie, dass Sie davon ausgehen, dass er/sie wichtige und konstruktive Gedanken und Ideen beitragen kann. Ergänzen Sie diese durch eigene Vorschläge.

4. Fassen Sie zusammen: **Was haben wir geklärt?**

5. Verabreden Sie ganz konkret: **Wer macht (bis) wann was?**

b) Eltern haben ein Anliegen
zum Beispiel: besondere Wünsche für ihr Kind, Wünsche/Beschwerden an den Lehrer ...

1. Einigen Sie sich über die zur Verfügung stehende **Zeit** und halten Sie diese genau ein.

2. Geben Sie dem Gegenüber Gelegenheit, **seine Sichtweise** in Ruhe darzustellen.

   Hören Sie vor allem mit Ihrem „Sachohr"! Stellen Sie sich auf dem „Beziehungsohr" taub! Verbalisieren Sie die „Appell-Botschaften" („Sie möchten gerne, dass ich ...").

   Signalisieren Sie, dass Sie die Darstellung des Anderen ernst nehmen.

3. Schildern Sie kurz und sachlich **Ihre Position.** Begründen Sie diese sachlich, ohne sich persönlich zu rechtfertigen. Signalisieren Sie Offenheit für Kompromisse und konstruktive Vorschläge.

4. Welche **Gedanken und Lösungsideen zu dem Problem** hat Ihr Gegenüber? Signalisieren Sie, dass Sie davon ausgehen, dass er/sie wichtige und konstruktive Gedanken und Ideen beitragen kann. Ergänzen Sie diese durch eigene Vorschläge.

5. Fassen Sie zusammen: **Was haben wir geklärt?**

6. Verabreden Sie ganz konkret: **Wer macht (bis) wann was?**

Kapitel 7 · Schwierige Gespräche

Selbst-Check: Schwierige Gespräche

	Das ist sehr wichtig.	Darin bin ich gut.	Darin will ich besser werden.	Das konkret werde ich tun.
Konfliktklärungsgespräche sind „Arbeit", benötigen professionelle Verfahren.				
die Bedeutung der vier Kommunikations-„Ohren" und „-Schnäbel" kennen				
Konfliktklärungsgespräche in einem professionellen Rahmen führen				
aufmerksam zuhören				
die eigene Wahrnehmung mit „vier Ohren" bewusst steuern				
mit eigenen Worten zusammenfassen, was das Sachohr gehört hat				

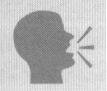

Kapitel 8 · Umgang mit einigen Eltern

Problem: Umgang mit einigen Eltern

Einige Eltern machen mir das Leben schwer: Sie kritisieren meinen Unterricht und mein erzieherisches Handeln. Einige Eltern beschweren sich über meine Notengebung, andere werfen mir vor, ich hätte ihr Kind auf dem „Kieker". Es gibt sogar Eltern, die versuchen, andere Eltern gegen mich aufzuhetzen, indem sie versuchen, mir Fehler nachzuweisen.

Glücklicherweise arbeiten die allermeisten Eltern, in der Grundschule ebenso wie in den Sekundarstufen, gerne und konstruktiv mit den Lehrern zusammen. Eltern bilden vor allem in der Grundschule häufig ein wichtiges Gerüst für gemeinsam gelingende Erziehungsarbeit. Die Zusammenarbeit zwischen Eltern und Lehrern gelingt dann, wenn beide Seiten sich zuständig fühlen und sich gegenseitig respektvoll begegnen. Schwierig wird dagegen die Zusammenarbeit, wenn eine Seite sich für erzieherische Probleme nicht zuständig fühlt und der anderen Seite die ausschließliche Verantwortung zuschiebt. So reagieren Eltern allergisch, wenn sie den Eindruck haben, der Lehrer sieht sich ausschließlich als Wissensvermittler, der die Erwartung hat, dass die Eltern dafür verantwortlich sind, dass die Schüler gut „funktionieren", sich korrekt und höflich benehmen, regelmäßig ihre Hausaufgaben anfertigen, pünktlich im Unterricht sind, die Schulregeln einhalten und eigentlich auch gute Leistungen erbringen.

Und die Lehrer andererseits erwarten, dass die Eltern sich angemessen um ihre Kinder kümmern, dass sie die Erziehung ihrer Kinder als wichtige Aufgabe annehmen und gestalten und keinesfalls die Verantwortung für die Erziehung ihrer Kinder vor allem den Lehrern überlassen. Und zugleich erwarten Lehrer, dass die Eltern sie als Experten für Unterricht und Erziehung akzeptieren, sich nicht in unangemessener Weise in ihre Arbeit und in ihre Entscheidungen einmischen und dass sie die erzieherische Arbeit der Lehrer unterstützen. Vor allem natürlich, wenn es darum geht, unangenehme Entscheidungen durchzusetzen, zum Beispiel Regelverstöße zu ahnden.

Kapitel 8 · Umgang mit einigen Eltern

Schwierig ist die Zusammenarbeit vor allem mit folgenden Eltern:
- Eltern, die sich wenig bis gar nicht um die angemessene Erziehung ihrer Kinder kümmern, deren einziges erzieherisches Repertoire (wenn überhaupt) darin besteht, mit ihren Kindern zu schimpfen, sie anzuschreien, zu lamentieren, manchmal sogar zu schlagen. Diese Eltern sind nur äußerst schwierig zu einer konstruktiven Zusammenarbeit zu bewegen. Im noch besten Fall zucken diese Eltern mit den Schultern: „Ich weiß auch nicht mehr, was ich machen soll!" Manchmal können gerade diese Eltern richtig unangenehm werden, wenn sie den Eindruck haben, ihr Kind werde in der Schule ungerecht behandelt oder benachteiligt. Solche ausgesprochen schwierigen Eltern können dann sogar regelrecht aggressiv den Lehrer (oder auch andere Schüler) kritisieren.

- Eltern, die sich zu viel um ihre Kinder und deren Belange kümmern. Das sind zum Beispiel Eltern, die noch weit in die 1. Klasse hinein ihren Kindern den Schulranzen bis an ihren Platz in der Klasse tragen, denen es richtig schwerfällt, den Klassenraum zu verlassen und die dann, wenn die Kinder älter werden und möglicherweise Verhaltens- oder Leistungsprobleme in der Schule haben, ihre Kinder unter allen Umständen verteidigen. Diese Eltern vermitteln, dass für alle Probleme ihrer Kinder allein die Schule verantwortlich ist. Sie schrecken manchmal sogar nicht einmal davor zurück, mit ihrem Anwalt zu drohen, wenn ihr Kind nicht die ihrer Meinung nach angemessene Note erhalten hat.

Schwierigkeiten in der Zusammenarbeit von Eltern und Lehrern können aber auch durch den Lehrer ausgelöst bzw. verstärkt werden. Damit die Kooperation gelingt, sollten auf Seiten des Lehrers einige Voraussetzungen erfüllt sein:

Jeder Lehrer sollte sich immer wieder bewusst machen, dass die Eltern viel von der Schule erwarten und erhoffen, und das zu Recht. Vertrauen sie doch ihre Kinder, für die sie nur das Allerbeste wollen und für die sie in den meisten Fällen bis zur Einschulung alles gegeben und getan haben, um ihnen gute Startchancen zu geben, nun der Obhut der ihnen unbekannten und fremden Lehrer an. Personen also, über deren menschliche und fachliche Qualifikation häufig in der Nachbarschaft bereits Geschichten und Gerüchte kursieren. Von den Eltern wird also tatsächlich ein hoher Vertrauensvorschuss erwartet. Es ist deshalb wichtig, dass sich jeder Lehrer diese berechtigten Wünsche und Erwartungen von Eltern an ihn bewusst macht.

Das wünschen sich Eltern zum Beispiel:
Für ihre Kinder
- Mein Kind soll die Freude am Lernen behalten, es soll neugierig gemacht werden.
- Mein Kind soll Erfolgserlebnisse haben und stark werden.
- Mein Kind soll lernen, selbstständig zu arbeiten und zu handeln.
- Mein Kind soll sich in der Klasse wohl und akzeptiert fühlen.
- Mein Kind soll in seinen vielfältigen Kompetenzen wahrgenommen und weiter gefördert werden.
- Mein Kind soll dabei unterstützt werden, seinen persönlichen Weg zu finden.
- Mein Kind soll nicht überfordert, aber auch nicht unterfordert werden.

Für den Unterricht
- Die Lernatmosphäre in der Klasse soll freundlich und konstruktiv sein.
- Der Lehrer soll den Kindern offen, freundlich und sensibel, menschlich, aber auch bestimmt begegnen.
- Die Kinder dürfen mitbestimmen und werden ernst genommen.
- Verlässlichen, verbindlichen und strukturierten Unterricht.
- Differenzierte Lernangebote.
- Der Lehrer ist engagiert, er hilft den Schülern, er ist gerecht.
- Er unternimmt Ausflüge und Klassenfahrten.
- Er nimmt den Bildungsauftrag ernst und setzt ihn um.
- Er bereitet die Kinder auf die weiterführende Schule bzw. auf die Zeit nach der Schule gut vor.

Kapitel 8 · Umgang mit einigen Eltern

Kooperation Eltern – Schule
- Transparenz über Unterrichtsinhalte und -methoden
- Transparenz bei der Hausaufgabenstellung
- Unkomplizierte Kontaktmöglichkeiten
- Kontaktaufnahme bei Schwierigkeiten/auffälligen Veränderungen
- Rückmeldung über Integration des Kindes in die Klassengemeinschaft
- Rückmeldung über Lernfortschritte des Kindes
- Gute Diskussionsleitung
- Der Lehrer nimmt Eltern ernst, hört aufmerksam zu.

Der erste Schritt für gelingende Kooperation zwischen Lehrer und Eltern besteht also auf Lehrerseite darin, den berechtigten Wünschen der Eltern offen und verständnisvoll zu begegnen und zu signalisieren, dass man im Prinzip auch bereit ist, diesen Wünschen gerecht zu werden. Das Falscheste, was man tun könnte, wäre, den Eltern aus Angst davor, ihre Wünsche nicht erfüllen zu können, abwehrend und distanziert zu begegnen und offen oder unterschwellig zu signalisieren, „Eure Ansprüche und Wünsche sind unberechtigt und vermessen". Richtiger wäre es hingegen, den Eltern zu vermitteln: Ich kann mit Sicherheit nicht alle Wünsche immer erfüllen. Aber ich habe Verständnis, dass Eltern dies wünschen. Und ich werde mich deshalb darum bemühen, diese Erwartungen zu erfüllen. Das wird besonders gut gelingen, wenn die Eltern konstruktiv mit dem Lehrer zusammen arbeiten und ihn bei seiner schwierigen Arbeit unterstützen.

Voraussetzungen für gelingende Kooperation mit Eltern
Die wichtigste Voraussetzung für gelingende Elternarbeit ist, dass der Lehrer aufrichtiges Interesse an der Kooperation mit den Eltern seiner Schüler zeigt. Das geschieht am besten, indem er versucht, möglichst viele Eltern kennen zu lernen, vor allem auch deren spezifische Kompetenzen, um diese für die gemeinsame Arbeit nutzen zu können. Eltern wollen ja gerne einbezogen sein und sind in der Regel für einen guten Kontakt zum Lehrer sogar bereit, beispielsweise eine „Schicht" am Samstagvormittag zur Renovierung des Klassenraums einzulegen.

Eine zweite Voraussetzung besteht darin, dass es dem Lehrer gelingt, Elternabende zügig zu leiten und professionell zu gestalten. Zum Beispiel durch gute Moderation und geschickten Medieneinsatz dazu beizutragen, dass Elternabende ergebnisorientiert durchgeführt werden und dass alle Eltern über Protokolle und andere schriftliche Informationen regelmäßig den Endruck haben, dass hier verbindlich gearbeitet wird und sie wirklich auf dem Laufenden gehalten werden.

Weiterhin sollte der Lehrer sehr konkret deutlich machen, in welchem Rahmen die Eltern ihre Kinder beim Lernen zu Hause unterstützen können und wo das nicht sinnvoll ist. So sind beispielsweise regelmäßige Gespräche zu Hause über die Unterrichtsthemen sinnvoll und wichtig, sofern sie aus echtem Interesse der Eltern an der Sache resultieren. Sobald sie den Charakter bekommen, den Kindern auf den Zahn zu fühlen, ob auch alles wirklich sitzt, können solche Gespräche kontraproduktiv werden. Sinnvoll ist es weiterhin, dass die Eltern ihre Kinder zu Hause dabei unterstützen, wirklich selbstständig zu werden. Dazu kann es zum Beispiel gehören, den häuslichen Arbeitsplatz sinnvoll zu gestalten oder das regelmäßige vernünftige Packen der Schultasche zu üben.

Was können Lehrer konkret tun, wenn sich die Zusammenarbeit dennoch schwierig gestaltet?

Eltern kritisieren die Unterrichtsgestaltung oder das Erziehungshandeln des Lehrers

Auch wenn es schwerfällt: Der Lehrer sollte zunächst wirklich selbstkritisch prüfen, ob die Kritik unter Umständen berechtigt ist. Zum Beispiel, wenn sich diese auf einen unsauberen Klassenraum, unleserliche Kopien oder Tafelanschriebe oder die Pünktlichkeit des Lehrers bezieht.

Das heißt, der Lehrer sollte auch bereit sein, berechtigte Kritik ernst zu nehmen und tatsächliche Missstände zu beheben. Zugleich sollte der Lehrer seine Kompetenz und Rollenklarheit unmissverständlich deutlich machen. Das gilt ganz besonders für junge Lehrer, die manchmal von einigen Eltern besonders kritisch beäugt werden. Der Lehrer kann zum Beispiel:

- Einen Überblick über Inhalte, Methoden und Ziele seiner Arbeit geben und diese nachvollziehbar begründen und auf Nachfrage erläutern.
- Kritik und Wünsche verschriftlichen lassen. „Bitte schreiben Sie Ihre Wünsche an mich auf. Ich schreibe auch meine Wünsche an die Eltern und die Zusammenarbeit auf."

Wenn weiterhin offen Kritik am Lehrer und an seinem Unterricht geübt wird, sollte sich der Lehrer in keinem Falle – also auch nicht, wenn er völlig überzeugt davon ist, dass die Kritik unberechtigt, unangemessen oder überzogen ist – rechtfertigen, die Kritik pauschal zurückweisen oder den Ball einfach an die Eltern zurückgeben. Die einzige Möglichkeit, das angesprochene Thema vom Tisch zu bekommen, besteht darin, dass der Lehrer die Kritik in Ruhe annimmt, klärt, von wem bzw. von wie vielen Eltern die Kritik geteilt wird und in jedem Falle Offenheit signalisiert. Um das zu können, braucht es einige Voraussetzungen:

Der kritisierte Lehrer sollte versuchen, die Kritik ganz konsequent nur mit seinem „Sachohr" zu hören (s. o.) und sich auf dem „Appell-", vor allem aber auf dem „Beziehungsohr" taub stellen. Das heißt: Alle unterschwelligen Botschaften „Du bist ein schlechter Lehrer" und „Mach jetzt endlich was!" schlicht auszublenden.

Kapitel 8 · Umgang mit einigen Eltern

Konkret könnte das zum Beispiel so ablaufen:

Vater (auf einem Elternabend): „Mein Sohn sagt, bei Ihnen im Unterricht ist es so laut, dass er sich gar nicht konzentrieren kann!"

Mutter: „Genau! Meine Tochter sagt auch immer, Sie müssen sich mal richtig durchsetzen!"

Lehrer denkt: „Stimmt nicht! Wenn die Schüler selbstständig arbeiten, ist es im Klassenraum nicht ganz leise. Ich empfinde den Geräuschpegel aber als konstruktive Arbeitsunruhe. Aber ausgerechnet die beiden haben es nötig! Deren Kinder sind doch die größten Störer ...!"

Der Lehrer sagt:
„Das ist wichtig! Ihre beiden Kinder fühlen sich von der Unruhe im Klassenzimmer gestört. Geht das anderen Kindern auch so?"

Die Wahrscheinlichkeit, dass nun andere Eltern widersprechen werden, ist relativ groß, weil der Lehrer, statt sich zu rechtfertigen, Offenheit signalisiert hat.

Der Lehrer sollte die anderen Eltern in Ruhe anhören. Er sollte die Kritik, falls sie nun überhaupt noch eine Rolle spielt, „konstruktiv" deuten:

„Ich danke Ihnen für die Hinweise. Ich werde morgen mit der Klasse besprechen, wie wir eine größere Arbeitsruhe erreichen."

Gleichzeitig sollte der Lehrer immer wieder unmissverständlich deutlich machen, dass die Unterrichtsgestaltung und die erzieherische Arbeit in der Schule in den eindeutigen Kompetenzbereich des Lehrers gehören und dass diese Aufgaben ernst genommen und verantwortlich und professionell wahrgenommen werden.

Es kann hilfreich sein, wenn der Lehrer, nachdem er die Anliegen, Wünsche und Kritik der Eltern in Ruhe angehört hat, den Eltern Vorschläge macht, wie diese sich an der Lösung des Problems beteiligen können. Je unvoreingenommener und offener der Lehrer bereit war, auch kritische Anmerkungen anzunehmen, desto eher werden Eltern dazu bereit sein, selbst aktiv zu werden. Das kann beispielsweise geschehen, indem sie sich an Renovierungsarbeiten im Klassenraum beteiligen, indem sie die Ausstattung des Klassenraums verbessern (z. B. mit ausrangierten Computern aus der Firma) oder, indem sie Klassenfahrten und Ausflüge mit vorbereiten oder begleiten.

Die Eltern haben gegensätzliche Vorstellungen und Wünsche zur Unterrichtsgestaltung

Innerhalb der Elternschaft können leicht Auseinandersetzungen über unterschiedliche Vorstellungen von gutem Unterricht ausbrechen, die mit Inbrunst geführt werden und dem Lehrer das Leben schwer machen. Typisch dafür sind Auseinandersetzungen über die Frage, wie viel Zeit der Lehrer den Schülern zum selbstständigen Lernen einräumt, wie stark im Unterricht individualisiert werden oder ob besser möglichst viel Stoff gemeinsam durchgenommen werden sollte. Da beklagt die eine Fraktion dann, dass die Parallelklasse schon in Unit 5 im Englischbuch sei, die eigene Klasse aber erst bei Unit 3. Und die andere Fraktion setzt individuelle Betreuung und innere Differenzierung gegen das Durchpauken desselben Stoffs für alle.

Auch in diesem Fall ist es sehr wichtig, dass der Lehrer beide Seiten ernst nimmt und den Argumenten aufmerksam zuhört. Die einzige Möglichkeit, die Situation zu entspannen, besteht darin, dass er zunächst die Vorstellungen und Begründungen beider Seiten gleichberechtigt

Kapitel 8 · Umgang mit einigen Eltern

annimmt, am besten, indem die wichtigsten Argumente schriftlich festgehalten werden. Erst, wenn beide Seiten merken, dass sie wirklich ernst genommen werden und sich der Lehrer mit ihrer Sichtweise ernsthaft auseinandersetzt, ist die Basis dafür geschaffen, dass die Eltern Kompromisse oder sogar einen anderen Weg als den ihren akzeptieren können – auch den Weg des Lehrers!

Denn natürlich hat der selbst begründete Vorstellungen davon, welchen Weg er gehen kann und gehen will. Die saubere Gegenüberstellung der unterschiedlichen Vorstellungen bietet aber die Möglichkeit, auf Gemeinsamkeiten zu verweisen und wahrzunehmen, dass die vermeintliche Unversöhnlichkeit beider Richtungen oder Konzepte nicht zutrifft. Wenn der Lehrer eine solche Auseinandersetzung geschickt moderiert, kann er Gemeinsamkeiten und Übereinstimmungen herausarbeiten und verdeutlichen, wie sein eigenes Konzept damit übereinstimmt. Wenn er dann noch vermittelt, dass er die Vorstellungen der Eltern nicht als Kritik an ihm als Lehrer versteht, sondern als konstruktive Anregung für die Verbesserung der Unterrichtsarbeit, werden ideologische Grabenkämpfe über den richtigen Unterricht bald der Vergangenheit angehören.

Die Eltern vertragen die Wahrheit nicht; sie lasten schlechte Leistungen ihres Kindes dem Lehrer an; sie können nicht nachvollziehen, dass ihr Kind den Unterricht stört.

Auch in diesem Falle bleibt dem Lehrer nichts Anderes übrig, als diesen Eltern und ihrer Sichtweise zunächst aufmerksam zuzuhören – und sei sie aus Sicht des Lehrers auch noch so absurd. Auch in dieser Situation ist es entscheidend wichtig, dass es dem Lehrer gelingt, ausschließlich mit dem „Sachohr" zu hören und mit dem „Sachschnabel" zu sprechen und sämtliche Botschaften „Du bist ein schlechter Lehrer" so gut es geht zu überhören.

Um die Eltern für die kritische Sichtweise des Lehrers überhaupt zu öffnen, ist es wichtig, dass der Lehrer zunächst den Fokus auf die Kompetenzen und Stärken des Schülers richtet und deutlich macht, dass er diese durchaus wahrnimmt und schätzt. Er sollte zweitens versuchen, kritische Sichtweisen der Eltern über den Unterricht oder das Lehrerverhalten nicht einfach zurückzuweisen, sondern im Gegenteil, diese noch einmal zusammenzufassen und zu signalisieren, dass er bereit ist, sich damit auseinanderzusetzen.

Um dann jedoch die Eltern mit der eigenen kritischen Sicht der Schülerleistungen und des Schülerverhaltens zu konfrontieren, braucht es einige wenige, dafür aber deutliche „hard facts". Es nützt gar nichts, wenn der Lehrer nun pauschale Vorwürfe erhebt („macht nie seine Hausaufgaben", „stört dauernd den Unterricht"). Jetzt muss der Lehrer ganz konkrete Probleme benennen und belegen – und zwar am besten nach dem Grundsatz „weniger ist mehr": „Ihr Kind hat am ... und am ... und am ... seine Hausaufgaben nicht gemacht. Ich habe ihm am ... einen Verweis erteilt, weil er trotz deutlicher Ermahnung weiterhin unüberhörbar mit seinem Nachbarn gesprochen hat."

Kapitel 8 · Umgang mit einigen Eltern

Selbst-Check: **Umgang mit einigen Eltern**	Das ist sehr wichtig.	Darin bin ich gut.	Darin will ich besser werden.	Das konkret werde ich tun.
sich die Wünsche und Erwartungen von Eltern an die Lehrer bewusst machen und Verständnis dafür entwickeln				
Möglichst viele Eltern wirklich kennen lernen				
Elternabende zügig leiten und professionell gestalten				
Möglichkeiten und Grenzen der häuslichen Unterstützung durch Eltern verdeutlichen				
Transparenz über Inhalte, Methoden und Ziele der Arbeit schaffen				
Kritik nur mit dem „Sachohr" hören				
Eltern an der Lösung von Problemen aktiv beteiligen				
Problematisches Schülerverhalten konsequent dokumentieren				
Aktennotizen von Elterngesprächen				

Kapitel 9 · Zeitmanagement und Burn-Out

Problem: Zeitmanagement und Burn-Out

Ich habe immer mehr den Eindruck, dass mich die permanent steigenden Anforderungen an die Lehrer erschlagen. Ich korrigiere oft noch spät am Abend und an Wochenenden, für eine interessante, anspruchsvolle Unterrichtsplanung habe ich immer weniger Zeit. Um die anfallenden Aufgaben gut erfüllen zu können und wenigstens ein Minimum an Freizeit zu haben, müsste ich meine Stundenzahl eigentlich reduzieren.

Zunehmend mehr Lehrer leiden sehr darunter, dass sie das Gefühl haben, dass der Beruf sie förmlich auffrisst und dass kaum noch Zeit für Entspannung und Freizeit bleibt. Selbst erfahrene Lehrer klagen, dass die zu bewältigenden Aufgaben kaum noch zu schaffen seien. Wochenarbeitszeiten von 50 bis 60 Stunden sind für viele Lehrer normal, ebenso wie Korrekturen an Wochenenden, in Ferienzeiten, selbst im Urlaub. Besonders betroffen sind Lehrer der gymnasialen Oberstufe mit korrektur- und vorbereitungsintensiven Fächern, zum Beispiel Leistungskurse und Abiturvorbereitung in Deutsch, Geschichte oder den Fremdsprachen. Viele Klassenlehrer in Grund- oder Hauptschulen investieren sehr viel Zeit und Kraft in die Bewältigung der gewachsenen pädagogischen Anforderungen. Und eine wachsende Zahl von Lehrern leidet unter Symptomen des Burn-Out. Zunehmend mehr Lehrer verzichten freiwillig auf einen nicht unerheblichen Teil ihres Gehalts (und ihrer Pension!), indem sie ihre Arbeitszeit reduzieren, um auf diese Weise die vielfältigen Aufgaben besser zu bewältigen und wieder mehr freie Zeit zur Verfügung zu haben und sich entspannen zu können.

Die inhaltlichen, pädagogischen und schulischen Anforderungen an Lehrer haben in den letzten Jahren tatsächlich objektiv spürbar zugenommen. Und dennoch ist es kein Naturgesetz, dass man wachsenden Aufgaben nur durch mehr Arbeitszeit begegnen kann und dass wachsende Aufgaben automatisch erschöpfender sind. Denn es gibt in allen Berufen – auch unter Lehrern – Menschen, die steigende Anforderungen besser bewältigen als andere. Es gibt auch Lehrer, die ihre Arbeit sehr gut machen, denen es gelingt, mit der tatsächlich vorgesehenen und bezahlten Arbeitszeit auszukommen. In Hamburg beispielsweise beträgt die offizielle Arbeitszeit der Lehrer (bei einer vollen Stelle) 46,5 Stunden pro Woche – inklusive des Unterrichts, der Vor- und Nachbereitung, der Korrekturen, der Konferenzen, Elternabende, wirklich aller zum Lehrerberuf gehörenden Aufgaben und Tätigkeiten. Diese offizielle Arbeitszeit berücksichtigt die Ferienzeiten, das heißt, wer in allen Ferien keine Lehrertätigkeiten ausübt, muss 46,5 Stunden pro Woche arbeiten. Das heißt: Lehrer werden für eine tägliche Arbeitszeit von 9,3 Stunden bezahlt, das entspricht also fast einem klassischen „eight-to-five-job" (dazu kommen natürlich Fahr- und Pausenzeiten). Und zwar bei völlig arbeitsfreien Wochenenden und Schulferien! Die für Hamburg berechnete Arbeitszeit dürfte ähnlich auch in Bundesländern gelten, in denen noch keine Arbeitszeitmodelle angewendet werden.

Lehrer, die mit ihrer Zeit besser zurechtkommen, nehmen diese Tatsache einer täglichen Arbeitszeit von gut neun Stunden zur obersten Maxime ihres Zeitmanagements. Natürlich ist nicht damit gemeint, man solle nun um fünf oder sechs den Griffel fallen lassen, weil die Arbeitszeit um ist. Natürlich gibt es im Lehrerberuf Stoßzeiten, in denen die 9-Stunden-Regel nicht greift (dafür gibt es dann auch „Kompensationszeiten" mit weniger Betrieb!). Natürlich wird ein guter Lehrer manchmal auch Elterngespräche nach 20 Uhr zu führen haben oder eine Zensurenliste am Wochenende fertig stellen. Dennoch sollte sich jeder Lehrer immer wieder vor Augen führen: Ich habe eine tägliche Arbeitszeit von gut neun Stunden – bei freien Wochenenden und freien Schulferien.

Das Grundgesetz des Zeitmanagements
Das ist die Voraussetzung dafür, dass das „Grundgesetz des Zeitmanagements" greifen kann und dieses lautet:

Die Erledigung einer Aufgabe dauert genau so lange wie die Zeit, die dafür zur Verfügung steht.

Kapitel 9 · Zeitmanagement und Burn-Out

Wer dieses „Grundgesetz" einmal akzeptiert und praktische Erfahrungen damit gesammelt hat, ist immer wieder von der Wirksamkeit dieses „Gesetzes" fasziniert. Und der Clou bei der Sache: Wer nach diesem „Gesetz" handelt, wird die Erfahrung machen, dass die Qualität der Arbeit, also der erledigten Aufgabe, darunter keineswegs leidet!

Ganz konkret und praktisch also: Wer einen realistischen Zeitplan entwirft, schafft es, auch große Aufgaben in wesentlich kürzerer Zeit zu erledigen. Zum Beispiel: Wer vor einer Internetrecherche im Rahmen seiner Unterrichtsvorbereitung festlegt, dass er dafür nur maximal zehn Minuten Zeit hat, beendet die Recherche nach zehn Minuten: die Voraussetzung dafür, alle anderen anstehenden Arbeiten zu schaffen. Wer das nicht tut, hat bei seiner Internetrecherche Hunderte verlockender Möglichkeiten, sich ablenken und entführen zu lassen. Ehe man sich versieht, ist bereits eine Stunde vergangen, ohne dass dadurch die Qualität der Recherche spürbar verbessert wäre.

Allerdings bedeutet das Akzeptieren dieses „Gesetzes" für die meisten Lehrer einen schweren Schritt. Viele sind Perfektionisten, viele sind der festen Überzeugung, dass die Qualität eines Arbeitsergebnisses (also zum Beispiel ihrer Unterrichtsvorbereitung oder ihrer Korrekturen) von der investierten Zeit abhängt. Das Ergebnis dieser weit verbreiteten und durchaus nachvollziehbaren Haltung sind aber mitnichten bessere Ergebnisse. Im Gegenteil! Die wachsende Unzufriedenheit darüber, mit der zur Verfügung stehenden Zeit nicht und nie auszukommen, ist der Qualität der Arbeit deutlich abträglich. Wer unzufrieden ist über die nicht ausreichende Zeit, wer tatsächlich zu wenig freie Zeit und zu wenig Zeit für Entspannung und Rekreation hat, kann seine Arbeit nicht wirklich gut machen! Gutes Zeitmanagement ist deshalb nicht nur ein Mittel zur Gesunderhaltung und gegen Burn-Out, sondern auch ein Mittel zur Verbesserung der Arbeitsergebnisse!

Kapitel 9 · Zeitmanagement und Burn-Out

Wie kann man das „Gesetz" anwenden?

Um von den wunderbaren Wirkungen diese „Gesetzes" profitieren zu können, braucht man eine kurz- und mittelfristige Zeitplanung. Es geht dabei nicht um ausgeklügelte Pläne und Visualisierungen, deren Bearbeitung womöglich länger dauert als die Erledigung der eigentlichen Aufgaben.

Es geht um die Fragen:
- Wie viel Zeit habe ich?
- Was muss bis wann erledigt sein?

Zum Beispiel Dienstag:

Vorhandene Arbeitszeit: 9,3 Stunden
Abzüglich 6 Stunden Unterricht je 45 Minuten plus je 15 Minuten für Wege, Kopieren, Aufräumen, Schülergespräche und Ähnliches sowie eine Pausenaufsicht, entsprechen insgesamt 6,3 Stunden.

Es verbleibt am Dienstag also eine Arbeitszeit von 3 Stunden.
Dringend zu erledigende Aufgaben:
Unterrichtsvorbereitung, Klausurkorrektur, Elterntelefonat.

Es ist nun die Entscheidung des Lehrers, wie er die zur Verfügung stehende Zeit nutzen will, gemäß dem Grundgesetz des Zeitmanagements: Die Erledigung einer Aufgabe dauert so lange wie die Zeit, die dafür zur Verfügung steht. Benötige ich mehr Zeit für eine umfangreichere Unterrichtsvorbereitung, bedeutet das, dass die Korrektur der Klausur kürzer ausfallen muss. Natürlich werden jetzt viele rufen: „Das geht doch nicht! Was ist, wenn ich ein neues Thema, zum Beispiel im Leistungskurs Deutsch ausführlich vorbereiten muss?! Ich kann doch die Klausur nicht ‚kürzer' korrigieren!"

Doch, man kann! Vorausgesetzt, man akzeptiert, dass man eben nicht mehr Zeit hat! Wer das akzeptiert, wird selbst geeignete Wege finden, anstehende Aufgaben in der tatsächlich zur Verfügung stehenden Zeit angemessen zu bewältigen. Er muss dabei mit Sicherheit Abschied nehmen von manchen „sicheren" Haltungen und Gewohnheiten. Dass man Klausuren nur auf eine Art korrigieren oder Unterricht nur auf eine Art vorbereiten könne. Und er sollte aufhören, sich an den Kollegen zu orientieren, die noch mehr arbeiten und bestätigen, dass das alles eigentlich nicht mehr zu schaffen ist.

Er sollte vielmehr mit Kollegen kooperieren, die sich bereits auf den Weg gemacht haben, die anstehenden Aufgaben in der zur Verfügung stehenden Zeit gut zu schaffen. Und sich mit diesen Kollegen immer wieder austauschen, was man konkret tun kann, um die Arbeit weiter zu effektivieren und den Zeitaufwand für die Unterrichtsvorbereitung und die Korrekturen weiter zu reduzieren.

Beispiele für erste Schritte:
- Eine sorgfältige einfache schriftliche Zeitplanung (siehe Beispiel unten)!
- Einzelstunden nur in Ausnahmefällen vorbereiten, grundsätzlich Unterrichtseinheiten planen!
- Nicht nur Tests, sondern auch Klausuren so planen, dass sie einfach und schnell zu korrigieren sind, zum Beispiel Multiple-Choice-Aufgaben.
- Mut zur Lücke bei der Korrektur anspruchsvollerer Klausuren, beispielsweise nur ausgewählte Stichproben korrigieren!
- Für Tests, Klausuren, Arbeitsblätter Standardvorlagen verwenden, die nur noch angepasst werden!

Beispiel für eine einfache Zeitplanung:
Zwei-Wochen-Planer

	Unterricht/„Nebenunterrichtliches"/ Aufsichten	Außerunterrichtliche Aufgaben/ Termine	Verbleibende Arbeitszeit	Bis dann erledigte Aufgaben:
MO	6,0 Std.		3,3 Std.	Wochenplan Einzelstunden fertig
DI	6,3 Std.		3,0 Std.	Klausur LK korrigiert
MI	5,0 Std.	Lehrerkonferenz	2,0 Std.	Test Englisch korrigiert
DO	5,3 Std.		4,0 Std.	UE „Dreisatz" geplant Hausaufgabenkontrolle
FR	6,0 Std.		3,3 Std.	UE Englisch geplant
MO	6,0 Std.		3,3 Std.	Wochenplan Einzelstunden fertig
DI	6,3 Std.		3,0 Std.	Test Mathe korrigiert Elternabend vorbereitet
MI	5,0 Std.	Elternabend	2,0 Std.	UE „Kuba" geplant
DO	5,3 Std.		4,0 Std.	...
FR	6,0 Std.		3,3 Std.	...

Dieser einfache Planer arbeitet mit einem Trick effizienten Zeitmanagements: Es gibt keine „To-Do-Liste", sondern eine Liste der „erledigten" Aufgaben, aus der deutlich wird, bis wann die jeweiligen Aufgaben erledigt sind (sein müssen). To-Do-Listen können nämlich kontraproduktiv sein: Sie vermitteln das Gefühl, dadurch, dass man sich notiert hat, was man noch zu erledigen hat, das schlechte Gewissen zu beruhigen, man habe die Erledigung quasi schon in Angriff genommen.

Das ist der Grund dafür, dass manche To-Do-Liste wochen- und monatelang auf ihre tatsächliche Erledigung wartet ... Die hier gewählte Formulierung, am MI ist der Test korrigiert, hat dagegen einen viel stärkeren Aufforderungscharakter. Sie definiert einen eindeutigen Endpunkt für die Erledigung. Dementsprechend muss die Bearbeitung der Aufgabe unter Berücksichtigung der tatsächlich zur Verfügung stehenden Zeit und der sonstigen zu erledigenden Aufgaben geplant werden.

Es mag irritierend, vielleicht sogar schockierend sein, sich anhand einer solchen Zeitplanung darüber bewusst zu werden, wie wenig Zeit tatsächlich für die Unterrichtsvor- und -nachbereitung zur Verfügung steht – und das angesichts einer täglichen (Netto!-) Arbeitszeit von 9,3 Stunden! So könnte man geneigt sein, doch lieber alles beim Alten zu belassen: „Das geht nun mal einfach nicht!" Aber das hieße, den eigenen Burn-Out zu programmieren und vor allem, letztlich objektiv schlechte Arbeit zu leisten!

Fangen Sie deshalb noch heute an, Ihre Aufgaben der tatsächlich zur Verfügung stehenden Zeit anzupassen! Es sei denn, sie akzeptieren Wochenarbeitszeiten von 50 bis 60 Stunden oder empfinden es als angenehm, die Wochenenden mit der Korrektur von Klausuren zu verbringen statt sich der Rekreation von Geist und Körper zu widmen.

Tu es gleich!
Das ist das zweite Grundgesetz des Zeitmanagements, das Wunder wirken kann. Denn große Aufgaben haben die immanente Eigenschaft, täglich zu wachsen, ganz von selbst. Deshalb besteht die einfachste und effektivste Möglichkeit, sie „klein zu zaubern", darin, die Aufgabe so schnell wie möglich zu erledigen, am besten sofort.

Kapitel 9 · Zeitmanagement und Burn-Out

Step by step!
Besonders entmutigend und bremsend ist es, wenn einem zu viele Aufgaben einfach über den Kopf wachsen. Dann tendiert man leicht dazu, sich zu verzetteln, hier ein bisschen, dort ein Stück, aber man bleibt unzufrieden, weil es nicht wirklich weiter geht. Dann hilft nur, konsequent eine Aufgabe nach der anderen abzuarbeiten und sich dadurch Erfolgserlebnisse über tatsächlich Erledigtes zu verschaffen.

„Clear desk"!
Wenn es viel zu tun gibt, ist nichts entmutigender, als ein Schreibtisch voller unerledigter To-Dos. Es wirkt deshalb Wunder, sich die Zeit zu nehmen, den Schreibtisch aufzuräumen und alles, was nicht zur aktuellen Aufgabe gehört, in einer Schublade zu deponieren. Dies ist eine sehr effiziente Methode, sich auf die schnelle Erledigung einer Aufgabe zu konzentrieren und deren Erledigung wirklich genießen, ja „feiern" zu können!

Konsequent wegwerfen!
Lehrer sind Sammler. Es könnte ja sein, dass man jenes Material oder ausgedruckte Arbeitsblatt oder jenen Zeitungsartikel noch einmal brauchen könnte. In Wirklichkeit führt die Sammelwut nur dazu, die Ablageberge zu vergrößern, die den Eindruck von immer mehr unerledigten Aufgaben verstärken. Und wer nicht über penible Ablagestrategien verfügt, am besten Datenbank-unterstützt (und wer tut das schon ...), der wird ganz viel seiner kostbaren Zeit damit verbringen, das eine tolle Arbeitsblatt zu suchen. Deshalb macht es Sinn, Dinge, die nicht wirklich regelmäßig verwendet werden, wegzuwerfen, zumindest alles, was man mindestens ein Jahr lang nicht benutzt hat.

Statt Ablage: Nur das Nötigste scannen und im PC ablegen!
Weil PCs heute über geniale Such-und-Finde-Funktionen verfügen und weil sie kaum Platz wegnehmen (also einfach „aufgeräumt" wirken),

Kapitel 9 · Zeitmanagement und Burn-Out

sollte man so früh wie möglich anfangen, möglichst alle Materialien für den Unterricht ausschließlich in digitaler Form aufzubewahren. Arbeitsblätter, Klausuren und Tests erstellt wohl fast jeder Lehrer heute am PC. Dort und nur dort sollte man sie auch aufbewahren. Und die wirklich erstklassigen Arbeitsmaterialien, die nur in Papierform vorliegen, sollte man scannen und ebenfalls als Datei auf dem PC ablegen. Wer den PC in dieser Weise konsequent nutzt, wird viel Zeit sparen und sich das Leben sehr erleichtern. Aber bitte nicht vergessen, ein wöchentliches Backup seiner wertvollen Dateien auf DVD zu brennen oder auf einer zweiten (externen) Festplatte zu speichern!

Suchfunktionen effektiv nutzen!

Die Suchmaschine Google ist das Standardwerkzeug für jede Internetrecherche. Die Benutzung setzt aber ein wenig Know-how voraus, um sich in der Fülle der gefundenen Ergebnisse nicht zu verlieren.

Für effizientes, zeitsparendes Arbeiten auf dem eigenen Computer braucht man vor allem eine schnelle „Desktop-Suche" (z. B. Copernic Desktop Search). Ein solches Tool findet in Sekundenbruchteilen das, was man sucht. Man gibt nur ein Stichwort ein, das mit dem gesuchten Inhalt zu tun hat. Das Tool findet das Gesuchte sehr zuverlässig und zeigt zumeist noch eine Vorschau auf die Datei an.

Gut genug ist gut genug!

Mit der vorhandenen Zeit wirklich auszukommen, heißt auch zu akzeptieren, dass nicht alles perfekt sein muss, ja, dass man in manchen Situationen auch „Fünfe gerade" sein lassen muss. Gerade Perfektionisten müssen beispielsweise lernen, eine Unterrichtsstunde auch einmal unvorbereitet zu halten. Und die Devise für die Unterrichtsvor- und -nachbereitung lautet: Weniger ist mehr und manchmal lieber ungefähr richtig als exakt falsch ...

Schüler häufiger selbstständig lernen lassen

Eine echte „Win-Win-Situation": Wer seine Schüler konsequent so oft wie möglich selbstständig arbeiten lässt, gibt nicht nur ihnen die Möglichkeit mehr, motivierter und effizienter zu lernen, sondern betreibt zugleich die beste Burn-Out-Prophylaxe: Weil guter Unterricht, in dem die Schüler viel selbstständig lernen, einfach viel weniger anstrengend für den Lehrer ist!

Möglichst nur in der Schule arbeiten

Auch wenn das für die meisten Lehrer noch Zukunftsmusik ist: Dennoch entdecken immer mehr Lehrer die Chancen, die ein Arbeitsplatz in der Schule bietet. Sie entdecken ungenutzte Räume oder Ecken in der Schule oder mieten sich gemeinsam mit Kollegen Büroräume. Die gesamte Unterrichtsvor- und -nachbereitung wird dann in das Büro bzw. den schulischen Arbeitsplatz verlagert. Diese Lehrer entdecken sehr schnell die enormen Vorteile, die es mit sich bringt, wenn man nach Hause kommt und der Kopf wirklich frei sein kann, weil man weiß, dass man – jedenfalls für heute – wirklich fertig ist.

Kapitel 9 · Zeitmanagement und Burn-Out

Selbst-Check: Zeitmanagement und Burn-Out

	Das ist sehr wichtig.	Darin bin ich gut.	Darin will ich besser werden.	Das konkret werde ich tun.
Die Erledigung einer Aufgabe dauert genau so lange wie die Zeit, die dafür zur Verfügung steht.				
Übersicht über die tatsächlich zur Verfügung stehende Zeit und die wichtigsten Aufgaben				
sorgfältige schriftliche Zeitplanung, keine „To-Do-Liste", sondern eine Liste der „erledigten" Aufgaben				
Einzelstunden nur in Ausnahmefällen vorbereiten, grundsätzlich Unterrichtseinheiten planen				
nicht nur Tests, sondern auch Klausuren so planen, dass sie einfach und schnell zu korrigieren sind, zum Beispiel Multiple-Choice-Aufgaben				

Kapitel 9 · Zeitmanagement und Burn-Out

Selbst-Check: Zeitmanagement und Burn-Out

	Das ist sehr wichtig.	Darin bin ich gut.	Darin will ich besser werden.	Das konkret werde ich tun.
für Tests, Klausuren, Arbeitsblätter Standardvorlagen verwenden, die nur noch angepasst werden				
Tu es gleich!				
Step by Step				
immer „clear desk"				
konsequent wegwerfen, keine Ablagestapel entstehen lassen, weder zu Hause, noch in der Schule				
statt Ablage: Nur das Nötigste scannen und im PC ablegen				

Kapitel 9 · Zeitmanagement und Burn-Out

Selbst-Check: Zeitmanagement und Burn-Out

	Das ist sehr wichtig.	Darin bin ich gut.	Darin will ich besser werden.	Das konkret werde ich tun.
weniger suchen / Suchfunktionen auf PC nutzen				
Schüler häufiger selbstständig lernen lassen				
möglichst nur in der Schule arbeiten				
Gut genug ist gut genug.				

Literaturtipps

Mehr gefällig? Meine Tipps zum Weiterlesen:

Thomas Unruh / Susanne Petersen: Guter Unterricht – Handwerkszeug für Unterrichts-Profis (AOL-Verlag, 9. Aufl. 2008)

Christian-Rainer Weisbach: Professionelle Gesprächsführung – Ein praxisnahes Lese- und Übungsbuch; (DTV-Beck 6., überarb. u. erw. Aufl. 2003) (Ausführliche Darstellung der Grundlagen und der professionellen Praxis von Beratungs- und Unterrichtsgesprächen)

Matthias Pöhm: Nicht auf den Mund gefallen – So werden Sie schlagfertig und erfolgreicher. Schlagfertigkeit lernen! (Goldmann 2004)

Gert Lohmann: Mit Schülern klarkommen – Professioneller Umgang mit Unterrichtsstörungen und Disziplinkonflikten (Cornelsen 2003)

Rudolf Dreikurs, Vicki Soltz: Kinder fordern uns heraus (Klett-Cotta, 14., veränd. Aufl. 2006)

Vera F. Birkenbihl: Rhetorik – Redetraining für jeden Anlass (Ariston 2002)

Rudolf Knapp: Elternarbeit in der Grundschule – Grundlagen, Elternberatung und Seminare, Mitarbeit im Schulleben (Cornelsen 2001)

Werner und Tiki Küstenmacher, Lothar J. Seiwert: Simplify your life – Einfacher und glücklicher Leben (Campus Verlag, 14. Aufl. 2004)

Fortbildungsbausteine zu „Intel® Lehren für die Zukunft" (Kompakte, solide Grundlagen für die Arbeit mit Computer und Internet. Bestellformular: http://aufbaukurs.intel-lehren.de/index?s=32&type=1)

Bildernachweis:
© www.fotolia.de (Seite 4, 18, 50, 58, 100).
© flickr.com (Seite 44).

Noch mehr wertvolle Tipps für den Schulalltag:

Thomas Grüner, Franz Hilt
Bei STOPP ist Schluss!
Werte und Regeln vermitteln

Das Arbeitsbuch, das Ihnen zeigt, wie Sie sich das Leben und Arbeiten erleichtern:

Wie Sie mit Hilfe von einfachen Regeln Unterrichtszeit gewinnen, auch „schwierige" Schüler erreichen und eine Klasse souverän führen, wie Sie gleichzeitig den normalen Unterrichtsalltag nutzen, um Ihren Schülern Werte, Arbeitshaltungen und soziale Kompetenzen zu vermitteln – und wie Sie außerdem die Gefahr des heute leider viel zu häufig auftretenden Burnout-Syndroms vermindern können.

In der Praxis erprobt, mit zahlreichen Beispielen und Kopiervorlagen.

Für Lehrer/innen, Klasse 1-10, A4-Buch, 116 Seiten, Best.-Nr. 5720

Martin Kramer
Schüler motivieren und (re)aktivieren
zeitgemäße, unangepasste, praxisnahe Methoden

Haben Sie schon mal vom Christkindchen-Effekt, der Teefrage oder dem Gehirn in der Streichholzschachtel gehört? Nein? Dann ist es an der Zeit, einen Blick in dieses Buch zu werfen. Hier finden Sie eine Fülle von praxiserprobten und abwechslungsreichen Anregungen und Methoden für einen Unterricht mit Aha-Erlebnissen, und zwar zu Themen wie z.B. Motivation, Gruppenarbeit oder zum Bewegenden Unterricht. Zusätzlich steht im Internet noch eine Menge Download-Material bereit.

Für Lehrer/innen, Klasse 5-13, A5-Buch, 128 Seiten, Best.-Nr. X750

AOL-Verlag • Postfach 1656 • 21606 Buxtehude
Fon: (0 41 61) 7 49 60-60 • Fax: (0 41 61) 7 49 60-50 • E-Mail: info@aol-verlag.de

Thomas Unruh bei AOL

Guter Unterricht – Praxishandbuch
Handwerkszeug für Unterrichts-Profis

Spätestens seit PISA ist allen klar geworden: „Es kommt auf den Unterricht an!" (DIE ZEIT).

Dieses Buch zeigt, wie man guten Unterricht macht, z.B. wie man Unterrichtsgespräche leitet, die wirklich ertragreich sind und für alle Beteiligten befriedigend verlaufen, wie man selbstständiges Lernen erfolgreich im Unterricht umsetzt und die Basis für eine konstrukive Lernatmosphäre schafft.

Für Studierende, für Referendare, für Mentoren und Anleiter, die kompetent mitreden wollen, und für „alte Hasen", die immer noch gerne unterrichten und auf der (methodischen) Höhe der Zeit bleiben wollen. Klar, kompakt und kompetent. Mit vielen Weblinks, aktuellen Beiträgen und Zusatzmaterialien auf www.guterunterricht.de.

Für Lehrerinnen und Lehrer aller Klassenstufen. A5-Paperback, 152 Seiten, Best.-Nr. 5639

Guter Unterricht – Trainingsmodule

Guter Unterricht ist leicht gesagt und schwer getan. Das Praxisheft zum Erfolgswerk „Guter Unterricht" zeigt Ihnen, wie's geht!

In 12 Trainingsmodulen für die selbstständige Erarbeitung – zu Hause oder im Seminar – finden Sie Anregungen, Aufgaben und Übungen zu Themen wie: Welche Feedback-Methoden sind effektiv? Wie leite ich Unterrichtsgespräche? Wie stelle ich eine konstruktive Lernatmosphäre her? Wie gliedere ich Unterricht in sinnvolle Phasen?

Damit guter Unterricht ein bisschen leichter wird!

Für Referendare, Lehrer und Seminarleiter. A4-Arbeitsvorlagen, 56 Seiten, Best.-Nr. 5647

Mein Methoden-Portfolio

„Fertigt mal zu diesem Thema eine Mind-Map an." Bei Ihren Schülern herrscht betretenes Schweigen. Keiner weiß mehr, wie das geht und wozu das eigentlich gut sein soll.

Mit diesem Heft lernen Ihre Schüler, die wichtigsten Methoden des selbstständigen Lernens zu verstehen und anzuwenden. Themenbereiche wie Lern- und Merkstrategien, Texte erschließen, Partner- und Gruppenarbeit sowie Informationsbeschaffung werden systematisch und anschaulich erklärt. Zu jedem Thema gibt es Checklisten und Feedbackbögen.

Und das Tolle ist: Ihre Schüler können ihr Methoden-Portfolio durch eigene Beiträge und Ideen selbstständig ergänzen.

Schülerheft: A4-Kopiervorlagen, 56 Seiten, Kl. 7–10, Best.-Nr. 5497
Lehrerband: A6-Heft, 56 Seiten, für Lehrer/-innen, Best.-Nr. 5597

AOL-Verlag • Postfach 1656 • 21606 Buxtehude
Fon: (0 41 61) 7 49 60-60 • Fax: (0 41 61) 7 49 60-50 • E-Mail: info@aol-verlag.de